# The Outbreak of the First World War
## 1914 in Perspective

David Stevenson

# 第一次世界大战的爆发

## 回首1914

[英] 戴维·史蒂文森 著  程文进 王若茜 译

北京大学出版社
PEKING UNIVERSITY PRESS

著作权合同登记号　图字：01-2009-2522

**图书在版编目(CIP)数据**

第一次世界大战的爆发：回首1914 /（英）戴维·史蒂文森著；程文进，王若茜译. —北京：北京大学出版社，2018.5

（想象欧洲丛书）

ISBN 978-7-301-29145-0

Ⅰ.①第… Ⅱ.①戴… ②程… ③王… Ⅲ.①第一次世界大战–历史 Ⅳ.① K143

中国版本图书馆CIP数据核字（2017）第328890号

© David Stevenson 1997
First published in English by Palgrave Macmillan, a division of Macmillan publishers Limited under the title The Outbreak of the First World War by David Stevenson. This edition has been translated and published under licence from Palgrave Macmillan. The author has asserted his right to be identified as the author of this Work.

| | |
|---|---|
| 书　　　名 | 第一次世界大战的爆发：回首1914<br>DI-YI CI SHIJIE DAZHAN DE BAOFA: HUISHOU 1914 |
| 著作责任者 | [英]戴维·史蒂文森（David Stevenson）著　程文进　王若茜　译 |
| 责任编辑 | 张文华 |
| 标准书号 | ISBN 978-7-301-29145-0 |
| 出版发行 | 北京大学出版社 |
| 地　　　址 | 北京市海淀区成府路205号　100871 |
| 网　　　址 | http://www.pup.cn　新浪微博：@北京大学出版社 @培文图书 |
| 电子信箱 | pkupw@qq.com |
| 电　　　话 | 邮购部 62752015　发行部 62750672　编辑部 62750883 |
| 印　刷　者 | 天津光之彩印刷有限公司 |
| 经　销　者 | 新华书店<br>787毫米×1092毫米　32开本　5.25印张　93千字<br>2018年5月第1版　2022年4月第2次印刷 |
| 定　　　价 | 48.00元 |

未经许可，不得以任何方式复制或抄袭本书之部分或全部内容。
**版权所有，侵权必究**
举报电话：010-62752024　电子信箱：fd@pup.pku.edu.cn
图书如有印装质量问题，请与出版部联系，电话：010-62756370

# 目 录

关于注释 / 2
致 谢 / 3
缩略词 / 4
大事年表 / 5

引 言 / 1
1　奥匈帝国与塞尔维亚 / 5
2　德国与"空白支票" / 21
3　俄法方面的反应 / 47
4　走向世界大战 / 65
5　破解谜题 / 89
结 论　对第一次世界大战的认识 / 115

参考文献 / 122
索 引 / 140

# 关于注释

注释放在方括号中，与参考文献中的书目编号对应。必要时，页码和章节放在书目编号之后，用冒号隔开。

# 致 谢

感谢这套丛书的总编理查德·奥弗里（Richard Overy），他建议我写作此书，并对书稿提出了修改意见。感谢朗沃思编辑部的瓦莱丽·罗斯（Valery Rose）和麦克米伦出版社的西蒙·温德尔（Simon Winder）。感谢我的妻子休和其他家人，他们的鼓励与宽容始终伴随着我。多年前教我高级历史课程的老师尼尔·哈特（Neil Hart），慷慨地提供了多个具有代表性的最新考题。我对这个主题的见解大多来源于我在伦敦政治经济学院开设的一门理学硕士专业课程——"战争来临，1911—1914年"，因此我也十分感谢上过这门课的同学。

# 缩略词

**NB**  另见参考文献开头的期刊名缩写列表（第 122 页）。

**BEF**  British Expeditionary Force
英国远征军

**CGS**  Chief of the General Staff
总参谋长

**CGT**  Confédération générale du travail
法国总工会

**ISB**  International Socialist Bureau
社会党国际局

**SFIO**  Section française de l'Internationale ouvrière
法国社会党

**SPD**  Sozialdemokratische Partei Deutschlands
德国社会民主党

# 大事年表

**1871 年**

1 月：德意志帝国宣告成立。

5 月：《法兰克福条约》；法国割让阿尔萨斯-洛林（Alsace-Lorraine）给德国。

**1878 年**

7 月：关于"东方问题"的《柏林条约》。

**1879 年**

10 月：双边同盟（德国、奥匈帝国）。

**1881 年**

6 月：三皇同盟（德国、奥匈帝国、俄国）。

**1882 年**

5 月：三国同盟（德国、奥匈帝国、意大利）。

**1887 年**

6 月：《再保险条约》（德国、俄国）。

**1888 年**

6月：德皇威廉二世登基。

**1890 年**

3月：德国首相俾斯麦辞职。

6月：《再保险条约》失效。

**1891 年**

8月：《法俄政治协定》。

**1892 年**

8月：《法俄军事协定》(1893 年 12 月—1894 年 1 月，获批准)。

**1894 年**

11月：沙皇尼古拉二世登基。

**1897 年**

5月：《俄奥巴尔干协定》。

**1898 年**

3月：《德国海军法案》。

9月—11月：法绍达危机（Fashoda Crisis，英国与法国）。

**1899 年**

5月—7月：第一次海牙和平会议。

10月—1902 年 5 月：第二次布尔战争。

**1900 年**

6月：《德国海军法案》。

**1902 年**

1 月：英日同盟。

11 月：《法意中立协定》（又称《巴雷尔-普里内蒂协定》）。

**1903 年**

6 月：塞尔维亚军官发动政变。

**1904 年**

2 月—1905 年 9 月：日俄战争。

4 月：《英法殖民地协定》（《英法协约》）。

**1905 年**

1 月：俄国"流血星期日"大屠杀引发革命暴动。

3 月："丹吉尔事件"（Tangier Incident）引发第一次摩洛哥危机。

**1906 年**

1 月：英法军事会谈开始。

1 月—4 月：讨论摩洛哥问题的阿尔赫西拉斯会议（Algeciras Conference）召开。

2 月：英国皇家海军"无畏"号战列舰（HMS Dreadnought）下水。

**1907 年**

6 月—10 月：第二次海牙和平会议。

8 月：《英俄协约》。

**1908 年**

2 月：《德国海军法案》。

10月：奥匈帝国吞并波斯尼亚-黑塞哥维那。

**1909年**

3月：英国海军评估（增建8艘无畏舰）。《德奥总参谋部秘密协定》。德国向俄国发出最后通牒，波斯尼亚危机结束。

6月：贝特曼·霍尔维格（Bethmann Hollweg）取代比洛（Bülow）担任德国首相。

**1910年**

俄国陆军整编。

11月：威廉二世与尼古拉二世在波茨坦会面。

**1911年**

7月—11月：第二次摩洛哥[阿加迪尔（Agadir）]危机。

9月—1912年10月：意土战争。

**1912年**

1月：雷蒙·普恩加莱（Raymond Poincaré）就任法国总理。

2月：霍尔丹使命（Haldane Mission）。

3月：《塞保同盟条约》缔造巴尔干同盟雏形（塞尔维亚、保加利亚、希腊、门的内哥罗）。

6月：《德国海军法案》和《德国陆军法案》。

7月：《奥匈帝国陆军法案》。

10月：第一次巴尔干战争（巴尔干同盟对阵土耳其）开始。

11月：亚得里亚港危机（Adriatic port crisis）。《英法专商协定》（格雷-康邦往来信件）。

12月：伦敦大使会议开幕。波茨坦"战争委员会"。

**1913年**

1月：普恩加莱当选法国总统。

4月—5月：斯库台危机（Scutari Crisis）。

5月：《伦敦条约》签订，第一次巴尔干战争结束。

6月—7月：第二次巴尔干战争（保加利亚对阵塞尔维亚、门的内哥罗、希腊、罗马尼亚、土耳其）。

7月/8月：《德国陆军法案》和《法国三年制兵役法案》通过。

8月：《布加勒斯特条约》签订，第二次巴尔干战争结束。

10月：奥匈帝国因阿尔巴尼亚边界问题向塞尔维亚发出最后通牒。

11月—1914年1月：利曼·冯·桑德斯事件（Liman von Sanders affair）。

**1914年**

1月：《法俄铁路贷款协定》。

3月：德俄新闻战。

6月：英俄海军会谈。

6月28日：萨拉热窝事件。

7月5日—6日：德国向奥匈帝国开出"空白支票"。

7月7日：俄国杜马通过"伟大计划"。

7月20日—23日：法国总统和总理访问俄国。

7月23日：奥匈帝国向塞尔维亚发出最后通牒。

7月25日：塞尔维亚回复最后通牒并宣布动员。奥匈帝国与塞尔维亚断绝外交关系。

7月26日：俄国开始预动员。英国提议召开会议。

7月28日：奥匈帝国宣布局部动员，并向塞尔维亚宣战。威廉二世建议奥匈帝国暂时不要进攻贝尔格莱德。

7月29日：奥匈帝国炮击贝尔格莱德。德国对俄国和法国发出警告。英国警告德国。德国发出中立呼吁。尼古拉二世批准实行局部动员。

7月29日—30日：贝特曼·霍尔维格试图阻止奥匈帝国。

7月30日：法国试图阻止俄国。尼古拉二世批准实行总动员。

7月31日：俄国开始总动员。德国宣布国家处于战争危险状态，并向法国和俄国发出最后通牒。

8月1日：德国向俄国宣战。法国和德国总动员。英德相互"误解"。

8月2日：德国入侵卢森堡，并向比利时发出最后通牒。英国内阁决定保卫法国海岸线和比利时的中立。

8月3日：德国入侵比利时，并对法国宣战。意大利宣布中立。

8月4日：英国对德宣战。

8月6日：奥匈帝国对俄宣战。

# 引 言

在写作此书之时，每天晚上都能在西方的电视屏幕上看到有关萨拉热窝的画面，而时事评论员们也使人们回想起，80年前①正是在那里开始了一场世界大战。虽然20世纪90年代的全球政治局势已经远不像20世纪初那样危险，但是随着以美苏冷战为显著特征的原有国际体系的崩溃，全球政治局势也会发生变化。最有可能出现的局面是世界重新回到几个大国相互竞争、共同操纵一个危险的国际环境的局面，这其中充斥着种族冲突、对市场和资源的争夺以及军备竞赛。如果这真的成为现实，那么考察1914年前巴尔干紧张局势迅速升级的原因，就比之前任何时候都显得意义重大。

本书意在向学生和一般读者介绍大量有关第一次世界大战起源的历史著作。由于主要事件已经列入大事年表，所以正文不再叙述那些随处可见的流水账[9; 25; 27]。前四章聚焦于1914年的"七月危机"，主要考察各国政府在此期间的所作所为对这一危机所产生的影响，同时会把各国政策的制定放在一个较长的历史时段下进行考察。第五章是较为宏观的论述，且重在解释说明。结论部分分析了战争爆发后各国的政策，正是这些政策使冲突升级为一场旷日持久的、毁灭性的世界大战。

---

① 80年前指距1994年。——编者注

# 1

# 奥匈帝国与塞尔维亚

第一次世界大战始于奥匈帝国对塞尔维亚发动的一场局部战争。这场局部战争几乎瞬间就演化成一场包括欧洲六大国在内的两大集团间的对抗。通过1882年的三国同盟，奥匈帝国与德国、意大利结盟。三国协约则是以1891—1894年形成的法俄同盟为基础，加上英国组成的。尽管意大利当时选择保持中立，但是德国却仍然支持奥匈帝国对塞尔维亚发动进攻，宁愿冒险打一场大规模战争也不愿选择和平解决问题。俄国参战是因为不愿看到塞尔维亚的崩溃，法国参战是因为不得不履行它与俄国的同盟义务，英国参战则是因为不想看到法国一败涂地。

1914年6月28日，弗朗茨·斐迪南大公夫妇在波斯尼亚首府萨拉热窝遇刺身亡，奥匈帝国与塞尔维亚间的冲突由此而起。波斯尼亚是哈布斯堡王朝统治下的奥匈帝国的一部分，斐迪南大公则是奥匈帝国皇储。奥匈政府在7月23日给塞尔维亚的最后通牒中，谴责塞尔维亚包庇那些图谋在波斯尼亚及其他南斯拉夫人居住的领土上颠覆哈布斯堡王朝统治的恐怖组织。最后通牒同时宣称，塞尔维亚官员协助组织了暗杀行动。除惩处相关责任人外，通牒还要求塞尔维亚政府取缔反哈布斯堡王朝的出版物和组织，开除反哈布斯堡王朝的学校教师，销毁反哈布斯堡王朝的教材，清洗可疑的军官和政府官员，允许奥方代表参与对暗杀事件进行的司法调查。7月25日，塞尔维亚在回复中除明确拒绝最后一点外，几乎完全接受了包括最苛刻条款在内的所有内容 [3: nos 37, 72]。尽管如此，奥匈帝国还是立即断绝了与塞尔维亚的外交关系，并于7月28日对塞宣战，紧接着在第二天对塞尔维亚首都贝尔格莱德进行了炮击。

如果暗杀事件没有发生，抑或塞尔维亚无条件接受了最后通牒，那也就不会发生1914年夏季的奥塞战争。我们需要在这两个条件下分析塞尔维亚的责任。包括射出致命一枪的加夫里洛·普林西普（Gavrilo Princip）在内的萨拉热窝刺客，都是波斯尼亚的塞尔维亚人，因此也是哈布斯堡王朝的臣民。这些刺客都属于一个叫作"青年波斯尼亚"（Young Bosnia）的革命运动团体，该团体致力于将波斯尼亚-黑塞哥维那、克罗地亚和斯洛文尼亚从奥匈帝国的统治下解放出来。塞尔维亚的军官和政府官员们的确曾经在贝尔格莱德向行刺者们提供过炸弹和左轮手枪，并协助他们穿越边境。问题在于塞尔维亚政府并没有控制住它自己的情报机构。迪米特里耶维奇上校 [Colonel Dimitrijević，亦称阿皮斯（Apis）] 是塞尔维亚军事情报机构的首脑，同时也是致力于将

德拉古廷·迪米特里耶维奇(1876—1917),
塞尔维亚总参谋部情报处处长。

所有塞尔维亚人统一为一个国家的秘密组织"黑手会"(Black Hand)的领导人。他似乎(错误地)认为弗朗茨·斐迪南是奥匈帝国主战派的头目,并希望通过消灭他来避免塞尔维亚遭到攻击。阿皮斯在行动前未与首相尼古拉·帕希奇(Nikola Pašić)进行商议,而且两人间

尼古拉·帕希奇（1845—1926），塞尔维亚首相，也是该王国主要创始人。

的矛盾颇深。当帕希奇得知行动安排后，他便预料到这可能会引发战争，而非防止战争；但对他本人来说，又很难对这一行动表示反对。他曾含糊其辞地予以提醒，但没有引起奥方的重视，斐迪南视察期间的安保工作十

分松懈 [162; 163; 165]。

对斐迪南遇刺这段复杂历史的研究表明,塞尔维亚当局应为暗杀事件承担大部分责任。除此之外,帕希奇及其内阁成员虽然接受了俄国的建议,在给奥匈帝国的回复中做出了缓和姿态,但如果奥匈帝国一意孤行地发动战争,那么塞尔维亚人宁可一战也绝不会彻底臣服。尽管阿皮斯和帕希奇都认为与奥匈帝国的最后摊牌不可避免,但他们也都不希望战争立刻发生。塞尔维亚的人口只有奥匈帝国的十分之一。1912—1913年的巴尔干战争使塞尔维亚的领土增加了一倍,但由于需要对扩大的领土进行防卫以对抗游击队的进攻,因此往日的战利品却成了现时的负担。塞尔维亚的人员伤亡惨重,枪支弹药匮乏,国库耗尽。拒绝最后通牒就成为塞尔维亚人在绝望中的反抗方式 [28; ch.3]。

要诉诸强硬手段解决问题的是奥匈帝国而非塞尔维亚。由于奥匈帝国知道一场巴尔干地区的局部战争几乎肯定会演变成一场更大规模的冲突,因此如果没有7月5日至6日德国的支持保证,即所谓"波茨坦空白支票",奥匈帝国绝不可能发动战争。然而一旦获得德国的支持保证,奥匈帝国的部长联席会议(Austro-Hungarian Joint Council of Ministers)便同意向塞尔维亚强加"必遭拒绝的苛刻条件,通过军事行动这种极端方式解决问题之路也随之开启"[3:no.9]。要想理解奥匈帝国的行为，我们必须从巴尔干和欧洲两个维度来考察他们面临的困境，以及他们如何坚定了决不妥协的信念。

在被奥斯曼土耳其统治了数个世纪之后，波斯尼亚和黑塞哥维那在1878年被置于奥匈帝国的行政管辖之下。为阻止南斯拉夫的统一，奥匈帝国于1908年吞并了波斯尼亚和黑塞哥维那，并引发了一场国际危机。这次吞并导致该地区更加动荡不安。"青年波斯尼亚"和"黑手会"等组织随之出现，针对哈布斯堡王朝官员的袭击也时有发生，奥匈帝国在波斯尼亚的军事当局更于1913年解散了波斯尼亚议会。尽管暴力事件时有发生，但大多数民众对此并不关心[164]。南斯拉夫问题如此令人担忧，不仅仅是因为当地的局势，更重要的是由于奥匈帝国二元帝国的特殊国内构成及来自外部的干涉威胁。通过1867年的妥协方案（Ausgleich），奥地利和匈牙利虽然都尊奉弗朗茨·约瑟夫（Franz Joseph）为共同的统治者——他既是奥地利皇帝又是匈牙利国王——但同时又都拥有各自的政府、议会和财政。奥匈帝国主体民族（奥地利境内说德语的人群和匈牙利境内的马扎尔人）的人口数量不到全国的一半。到1914年，境内捷克人和德意志人的冲突已使奥地利议会陷入困境，当局只得通过政令维持统治。在匈牙利，马扎尔人对克罗

弗朗茨·约瑟夫(1830—1916),奥匈帝国的缔造者和第一位皇帝,1867—1916年在位。

地亚人和罗马尼亚人等少数民族实行歧视政策,使得这些少数民族的离心倾向日渐增强[64]。民族自决是近代欧洲历史上的主流思潮之一,南斯拉夫的独立自然被认为会引发多米诺效应。

但是到1914年,独立的呼声仍然微弱,军队和政府官员依然保持忠诚。真正的问题在于,哈布斯堡皇室在巴尔干半岛主导地位的衰退加剧了国内的不稳定局势。1903年政变后,诞生了一个全新的、更加独立的塞尔维亚王朝。此后,塞尔维亚开始向法国而非奥匈帝国寻求贷款和购买军火。作为报复,奥匈帝国在1906—1911年的"猪之战"中威胁抵制从塞尔维亚进口产品(主要是牲畜),但此时塞尔维亚又找到了新的市场。在1908—1909年的波斯尼亚危机中,奥匈帝国的入侵威胁迫使塞尔维亚不再反对奥匈帝国兼并波斯尼亚,并承诺友好相处,但同时也依旧支持分离主义。1912—1913年的巴尔干战争期间,冲突更是层出不穷,奥匈帝国坚持要建立一个新的阿尔巴尼亚国来限制塞尔维亚获得更多的领土。即便如此,也无法弥补因土耳其这个平衡力量被赶出欧洲后造成的权力失衡,尤其是在1913—1914年,虽然自1883年起就与奥匈帝国和德国秘密结盟的罗马尼亚在名义上仍是奥德的盟友,但它实际上已经放弃了联盟并成为奥匈帝国潜在的敌人[61;71]。

奥匈帝国在列强中的孤立地位使局势变得更加严峻。自1897年达成协议之后,俄奥两国在十年间共同维护了巴尔干地区的稳定;但在波斯尼亚危机期间,由于奥德两国逼迫俄国放弃塞尔维亚,导致俄奥关系恶化并且再也没有恢复。临近1914年,奥匈帝国面临新的压力。俄国在奥匈帝国东北边境集结兵力,并很有可能出现一个新的巴尔干同盟;这和1912年出现的那个以俄国为后盾对抗土耳其的巴尔干同盟类似,只不过这一次是针对奥匈帝国的。在三国协约已经形成的背景下,法国和英国不可能帮助奥匈帝国对抗俄国。而且,虽然意大利表面上是奥匈帝国的盟友,但这个盟友并不可靠。19世纪,意大利通过损害奥地利的利益实现了统一,但仍有部分意大利人生活在哈布斯堡王朝的统治下。意大利和奥地利逐鹿巴尔干,并且在亚得里亚海的海军军备竞赛中互不相让。奥匈帝国甚至都不能得到德国持续的外交支持 [62;71]。

虽然奥地利领导层更倾向于用和平方式解决危机,但是动武不可避免的呼声却日益高涨。给塞尔维亚施加经济压力没有取得效果,友好相处的承诺也毫无意义。负责制订作战计划的奥匈帝国总参谋长弗朗茨·康拉德·冯·赫岑多夫(Franz Conrad von Hötzendorf),长期鼓吹依靠武力解决问题,而且巴尔干战争似乎证明

弗朗茨·康拉德·冯·赫岑多夫（1852—1925），奥地利陆军元帅，奥匈帝国军队总参谋长。

6 他是对的。奥匈帝国外交大臣贝希托尔德伯爵（Count Berchtold）一开始试图与其他国家进行协调，但随即希望破灭。1913年4月—5月，奥匈帝国因斯库台问题与塞尔维亚的盟友门的内哥罗爆发危机。同年10月，又与塞尔维亚在阿尔巴尼亚东部边界问题上产生矛盾。在此期间，贝希托尔德发现，通过单边的威胁更容易达成目标。但与此同时，他也无法调动更多的部队来配合

利奥波德·贝希托尔德（1863—1942），1906—1911年任奥匈帝国驻俄国大使，1912—1915年任奥匈帝国外交大臣。

其威胁要求，一来代价过高，二来会挫伤士气。康拉德认为一场短促而猛烈的战争要好于无休止的警告。到1913年秋，贝希托尔德很可能认同了康拉德的观点，但也并没有决定挑起冲突。而1914年6月，外交部正在新一轮外交攻势中寻求德国的合作 [61; 63; 66; 71]。

因此，萨拉热窝事件和德国为它开出的"空白支票"使军事手段成为奥匈帝国的首选。弗朗茨·斐迪南的死亡，使得对康拉德的批评统统失声，同时也使贝希托尔德和弗朗茨·约瑟夫几乎不再对走向战争有所保留，给他们发动战争提供了一个绝好的借口。然而，匈牙利首相伊斯特万·蒂萨（István Tisza）仍然反对动武。康拉德也认为，考虑到俄国介入所带来的风险，使用武力必须获得德国的支持。直到外交部办公室主管、强硬派外交官霍约斯伯爵（Count Hoyos）携带贝希托尔德和奥皇弗朗茨·约瑟夫的信（尽管这两封信没有明确宣布要对塞尔维亚动武，但意图已经十分明显）出使德国执行重要使命之时，奥匈帝国国内仍没有就开战一事达成一致。德国的坚定回应消除了大部分奥匈帝国领导人的疑虑，即使是蒂萨也只坚持到7月中旬。蒂萨之所以被说服，在一定程度上也是因为担心如果奥匈帝国不采取行动，恐怕就再也不会赢得德国如此的支持。他确信罗马尼亚不会发动进攻，而且为了避免更多的斯拉夫人口进入奥

伊斯特万·蒂萨(1861—1918),经济学家、政治家。1903—1905年、1913—1917年,任奥匈帝国匈牙利首相。

匈帝国，塞尔维亚的领土也会由阿尔巴尼亚和保加利亚瓜分。至此，奥匈帝国当局在发动战争问题上已不再犹豫不决 [65; 68; 69]。

过去 10 年来与南斯拉夫人日益敌对，1912 年以来针对奥地利的巴尔干力量平衡发生改变，对国际孤立和国内危机怀有潜在恐惧，都促使奥匈帝国做出了发动战争的决定。但萨拉热窝刺杀事件同样起到了重要的催化剂作用。对奥匈帝国来说形势不错，塞尔维亚和门的内哥罗已经筋疲力尽，意大利和罗马尼亚至少不会反对奥匈帝国，甚至会与其一起战斗。康拉德得知德国总参谋部对战胜法国信心十足，于是他（错误地）期待德国也能支持对俄国发起进攻 [67]。在蒂萨的坚持下，哈布斯堡决策者们提前制订了在巴尔干取胜后的处置方案。但是，事实证明，决策者们还是没能逃脱不负责任的历史宿命，他们决意与俄国一战，却没有考虑任何替代方案，也不去思考战争意味着什么。历经多年积怨，耐心已消失殆尽 [70; ch.3]。

# 2

# 德国与"空白支票"

奥匈帝国绝非它强大盟友的配角,作为一个独立大国,其自主性不言而喻。即便如此,如果德国反对,奥匈帝国则可能不会发动战争,并会根据德国指引提出塞尔维亚和俄国都可以接受的不那么苛刻的要求。但据奥匈帝国驻德国大使报告,当霍约斯于7月5日抵达波茨坦时,德皇威廉二世向霍约斯建议说,维也纳应该采取"战争行动"并且"向塞尔维亚进军"。俄国没有做好战争准备,因此会对战争"犹豫不决",但即使俄国干涉,那么"我们长期的忠实盟友德国将与我们并肩战斗"。7月6日,威廉二世的首相特奥巴登·冯·贝特曼·霍尔维格(政府首脑)确定德国建议奥匈帝国对塞尔维亚"立即采取行动",而且不管"我们做出怎样的决定,德国总会站在我们一边"[3: nos 6, 8]。

面对大多数的危机,德国都坚持这一准则。在事先得知最后通牒的主要内容后,德国便唆使奥匈帝国立刻发出,然后尽早宣战。英国的调解建议到达维也纳后,德国建议奥匈帝国不与英国合作[3: nos 95, 96]。只是在7月29日至30日这一较短时间内,贝特曼曾一度试图阻止奥匈帝国。此时,俄国的军事准备已令奥匈帝国日益担忧,德国又向俄法发出了警告。但是俄国仍然毫无顾

威廉二世(1859—1941),德意志帝国末代皇帝,1888—1918年在位。

忌地动员军队,于是,7月31日德国向俄国发出了最后通牒,要求其停止动员,同时要求法国在俄德冲突中保持中立。然而俄法都没有接受,德国于是在8月1日和3日分别向俄法宣战,将施里芬-毛奇计划(Schlieffen-Moltke Plan,该计划设想在入侵比利时和卢森堡后从侧

特奥巴登·冯·贝特曼·霍尔维格(1856—1921),德国政治家,1909—1917年任德意志帝国首相。

翼袭击法国防线）付诸实施。在德国向比利时发出最后通牒以要求其允许德军通过，并且无视英国要求尊重比利时中立的最后通牒后，英国也于8月4日加入了大战。

毫无疑问，德国政府希望并且鼓励奥匈帝国与塞尔维亚爆发冲突。虽然德国宣称是俄国的动员引发了战争，但最终却是它对俄国和法国宣战。最后，在不调整作战计划的情况下，德国不情愿地接受了与欧洲大陆之外的英国开战的现实。在讨论战争责任问题的时候，我们必须清楚地意识到局部战争、欧陆战争和全球战争之间的区别。在声名狼藉的《凡尔赛和约》第231条"战争罪责条款"中，战胜国之所以认为它们有理由索要赔款，正是因为它们认定世界大战是"德国及其盟友的侵略强加给它们的"。战后十年，围绕赔款问题的争斗困扰着国际政治，战争罪责问题也极端敏感且争议不断。整个20世纪20年代，德国外交部精心策划予以反击，对宣扬"修正派"或反凡尔赛体系的书籍和杂志进行资助，而"爱国主义的自我审查"传统也导致大多数德国历史学家选择与政府进行合作 [17；50：pp.262—301；126]。极端修正派宣称，德国参战仅仅是为了保证自己免遭三国协约的侵略与包围；温和一些的人则认为，所有大国都是当时国际体系的受害者。战时英国首相戴维·劳合·乔治（David Lloyd George）的一句话被广为

引用,他说:"各国像坠入一口沸腾的大锅一样走向了战争。"[85: vol.1, p.52]

第二次世界大战结束后,修正派观点在德国国内及国外一些地区仍然得到广泛认同。1951年,由法国和德国历史学家组成的一个委员会一致认为,"档案显示,在1914年没有哪个政府和哪个国家的人民预谋发动一场欧洲大战"[19: p.64]。德国主流历史学家把第二次世界大战的爆发归咎于纳粹的上台,把纳粹看作一种与德意志民族传统不相符的不合常理的现象。但是,如果德国在1914年就是侵略者,那么似乎德国一直以来就对欧洲安全构成威胁,那就应该让德国的分裂成为常态。以上考虑就可以帮助解释为什么当修正派遭到弗里茨·费舍尔(Fritz Fischer)教授挑战时会引起如此惊人的反响,而且在对这种反响进行回应时,"费舍尔理论"本身也变得更为激进[17; 107; 126; 132]。

费舍尔的第一本专著译成英文时名为"第一次世界大战时的德国目标"(*Germany's Aims in the First World War*),但该书原来的题目"争雄世界"(*Griff nach der Weltmacht*)则更加准确地表达了其所写的内容。该书德文本出版于柏林墙出现的1961年[115],其主题并非1914—1918年大战的起源,而是集中探讨德国在此期间的"战争目标",其最引人注目之处是对贝特曼·霍尔维格1914年9月9日"九月提纲"(September Programme)的探讨。"九月提纲"和其他档案表明,德国试图将一系列缓冲国(包括西部的比利时、东部俄国所辖波兰和波罗的海省份)置于它的经济和军事控制之下。它同时追求在世界范围内建立海军基地,在中非地区建立殖民帝国,缔造囊括中欧和西欧的关税同盟。德国的目标是确保自己东、西双方向的永久安全,获得与英国、俄国和美国等现有"世界大国"相当的领土,且能与这些大国共同决定世界的未来。

费舍尔有两个观点尤其备受争议。他认为在德国精英集团内部扩张主义情绪高度一致,这些人认为对外扩张的胜利可以巩固、稳定国内秩序。费舍尔主张"内政优先"论,认为外交政策主要是由内政目标决定的。这对德国史学界原有的"对外政策优先"论构成极大挑战,因为"对外政策优先"论认为,外交政策主要是由诸如地缘、均势等因素决定的,终极目标在于追求本国的外在利益[107]。费舍尔观点的核心是淡化以贝特曼为代表的德国文官领导和军队首脑之间的差别。这就导致费舍尔与老一代资深历史学家格哈德·里特尔(Gerhard Ritter)发生了冲突,因为里特尔强调的是德国军界危险的独立性与不负责任[135;136]。或许费舍尔夸大了他的观点,但是他的研究使人们不再继续把贝特曼看作一个善意的、为避免战争竭尽所能的"德国好人"。

更具爆炸性的是,费舍尔认为德国历史具有延续性。在对第一次世界大战与第二次世界大战期间德国的野心进行比较的同时,他也将德国1914—1918年的战争目标和德国在19世纪90年代实施的外交新政"世界政策"(Weltpolitik)进行了类比。费舍尔认为,战争爆发之前德国的政论家和官员们对中欧和中非垂涎已久,因此,1914年的战争是一场蓄谋已久的侵略战争,而绝非是对协约国包围的防御性反应 [16, 2nd edn; ch.5; 116]。虽然费舍尔对七月危机的评估与修正派针锋相对,但的确十分严谨。列强都应被谴责,但是"德国急切盼望奥塞战争。她沉迷于自己的军事优势,并蓄意挑起了与俄国和法国的冲突,德国当局应对爆发全面战争负有大部分的历史责任"[115; p.86]。

费舍尔的另一本著作《战争的幻觉》(*War of Illusions*)出版于1969年,1975年该书英文版面世。费舍尔在书中宣称,萨拉热窝事件成了发动一场早有预谋的欧陆战争的借口 [117; pp.470, 515]。他认为1912年12月8日的波茨坦"战争委员会"具有重要地位,该委员会由威廉二世在第一次巴尔干战争期间召集,当时已经预示了1914年7月的形势。塞尔维亚的军队已经穿越土耳其的领土直抵亚得里亚海,这对一贯反对塞尔维亚在亚得里亚海获得出海口的奥匈帝国是个挑战。贝特曼宣布,如果奥匈帝国下定决心,而俄国也介入,那么柏林将会支持奥匈帝国。英国人随后警告称,如果战争扩展到西欧,那他们就会援助法国。威廉二世在波茨坦难以遏制心中的怒火,要求立即对三国协约开战。德军总参谋长小赫尔穆特·冯·毛奇(Helmuth von Moltke the Younger)表示同意,但海军大臣阿尔弗雷德·冯·蒂尔皮茨(Alfred von Tirpitz)则表示他还需要18个月的准备时间。德国人放弃了立即开战的念头——事实上塞尔维亚也已经决定让步 [137; 138]。

尽管如此,费舍尔还是认为"战争委员会"的决定是推迟而非拒绝一场欧洲大战,同时也为德国加紧备战赢得了时间。他的证据是,德国1913年的军费颇为庞大,并且加紧动员公众舆论,为开战做好财政准备,在各方面努力赢得巴尔干盟友的支持,并确保英国能够保持中立。他用档案文件证明,极端右翼已经有了更大的野心,他们要求建立一个更具侵略性和更加专制的政权。德意志帝国走进了一条死胡同,在国外遭到了三国协约的紧逼,在国内受困于日益增强的反对派。德国决策者渐渐倾向于采用暴力,主宰欧洲大陆成为德意志在世界范围内重新扩张的先决条件 [117: chs 9—19]。

"费舍尔论战"毫无悬念地颠覆了20世纪50年代

阿尔弗雷德·冯·蒂尔皮茨(1849—1930),德国公海舰队的缔造者,1897—1916年任德国海军大臣。

的正统观点，并且正如费舍尔所指出的，它不仅推动德国历史学界，而且推动整个德国社会都实现了民主化[119]。但是，比起第二本书，费舍尔在第一本书中对七月危机的阐释赢得了更为广泛的赞誉。在探讨"空白支票"前，我们必须更深入考察内政与外交局势对德国当局制定政策的影响。

阿尔诺·迈尔（Arno Mayer）教授强调了另一种因素的重要作用，即在20世纪早期，欧洲社会结构和思维模式中仍然存有法国大革命前旧制度的影响[34]。德意志帝国的开国元勋奥托·冯·俾斯麦曾试图将专制政权建立在被统治者同意的基础上。帝国议会，即德国议会下院，是由成年男性普选产生的，立法和财政预算都须获得其批准。但帝国议会既无权更换内阁，也无权要求内阁大臣对其负责。威廉可以任免首相，还能够在几乎不与议会协商的情况下推行外交政策。俾斯麦就有通过外交胜利获得国内支持的先例。自费舍尔以来，很多历史学家都将1914年发生的事情看作是德国统治者再一次摆脱国内困境，实现"飞跃式前进"的尝试[144]。

这一观点受到了公允的批评。福尔克尔·贝格哈恩（Volker Berghahn）指出，没有任何理由能够说明国内和国外因素究竟哪一个对外交政策的影响更大：虽然两者作用所占的比重不断变化，但两者都对外交政策产生了影响。19世纪与20世纪之交,国内因素显然是最重要的。彼时法俄与英国不和,德国还未受到太大的外部威胁。为追求德国的全球影响力,威廉二世和他的新生代助手们制定了"世界政策"。这一政策得到了1898年和1900年《海军法案》的支持,该法案意欲为德国建设强大的战列舰舰队。德国的目标是向英国施加压力,赢得商业机会和领土,同时通过建设海军消除经济周期的影响,并把德国的支持者们团结起来 [105;129]。

不论从哪个方面看,德国的"世界政策"都失败得一塌糊涂。1914年前,德国的国际地位已经受到了严重影响。当时,德国当局面临的国内困难虽然不是非常严峻,但也不容乐观。当然,德国要比奥匈帝国的局面好一些,而奥匈帝国单单是国内的压力就足以让其走向战争。1906年,英国皇家海军"无畏"号下水,开启了全重型火炮战列舰时代。在此之后,德国海军预算远超预期,而有关是否资助海军扩大预算的争论也使亲政府的政党发生分化 [105;120]。1912年,反对派的德国社会民主党成为德意志帝国议会中的第一大党。尽管它辩称自己不是一个革命组织,但它的确要求更广泛的民主,而且在1913—1914年考虑通过采取大规模罢工的方式达成目的 [108]。另一方面,泛德意志联盟(Pan-German League)的极端民族主义感染了更多的主流右翼政党,现在他们开始对威廉二世本人进行攻击。而贝特曼本人并不信任右翼,力图阻止谈论政变和预防性战争。1914年6月,贝特曼在柏林对巴伐利亚的代表说,一场预防性的战争会对社会主义有利,而且可能"倾覆一些王朝国家"[123: p.171]。几乎没有证据表明是内政方面的考虑催生了"空白支票"。

另一方面,大量证据表明德国非常关注国际局势。国际形势日趋紧张,德国则深陷外交孤立和军备竞赛的泥潭中。1902年,意大利与法国秘密达成协议,承诺在未来两大集团的战争中保持中立,即使这场战争是由法国发动,也仍然如此。英国在1904年、1907年分别与法国、俄国缔结协约或者关于势力范围的协议,协调了三国在欧洲以外的矛盾。1905—1906年的摩洛哥危机期间,德国政府希望借俄国在远东战败之机,通过阻止法国控制摩洛哥以削弱英法协约和法俄同盟。但是英国在此次危机中不仅给予法国外交支持,而且同意两国进行秘密参谋会谈。同时,英国又在波斯尼亚危机中与俄国进行合作。1909年贝特曼就任德国首相时,德国领导层公开抱怨遭到了"包围",因此贝特曼认为"拆散针对我们的联盟"是他在外交领域的首要目标[117: p.63]。

1910年的波茨坦峰会期间,贝特曼试图通过承认俄国在亚洲的势力范围来改善与俄国的关系,但第一次巴尔干战争使这种缓和的尝试以失败告终。1913年年末至1914年年初的冬天,德国加强了其在土耳其的军事顾问团,利曼·冯·桑德斯被任命为奥斯曼帝国驻达达尼尔海峡军队的指挥官,德俄两国因此爆发冲突。俄国视土耳其海峡为生命线,其近半数出口货物通过土耳其海峡运出,因此虽然双方达成了妥协,但两国关系依旧十分紧张 [149: ch.4; 150]。同时,在1909—1912年的英德会谈中,贝特曼提出德国可以减缓海军扩张速度,作

利曼·冯·桑德斯(1855—1929),德国军事家,1913年任奥斯曼帝国军事顾问,"一战"期间任奥斯曼帝国陆军元帅。

为交换，英国须承诺在未来的欧陆冲突中保持中立，但遭到英国拒绝。英德关系在1912—1914年有所改善，但在冯·桑德斯事件后俄国向英国寻求更多支持，英国随之同意与俄国进行秘密海军会谈。这一消息被德国大使馆探知，但是当1914年6月英国外交大臣爱德华·格雷爵士（Sir Edward Grey）在下议院因此事被质询时，他拒绝承认有这样的会谈，这使得柏林方面对格雷的信任大打折扣。贝特曼通过外交方式冲破包围的努力收效甚微。

然而更糟糕的是两大集团间出现军备竞赛。20世纪最初10年，欧陆四大国——德国、奥匈帝国、俄国和法国——陆军军备力量的变化不大。在欧洲军备竞赛中，最明显的当属英德海军竞赛。蒂尔皮茨的1908年《海军法案》将德国建造海军的速度提高到每年新建四艘无畏级战列舰或战列巡洋舰。作为回应，1909—1910年英国建造了八艘战列舰，而且自此以后英国海军的增长速度一直领先德国。与此同时，俄国在1910年对陆军进行了整编，加快了动员速度。在1911年第二次摩洛哥（阿加迪尔）危机的影响下，法国陆军加快推进改革，德国人随之判断法国的好战倾向加强。1912年是一个"军备转折点"，德国重新调整了其军备发展次序。海军发展速度降低至每年建造两艘无畏舰，而陆军扩展速度明显加快。奥地利也通过了一项陆军军费预算，现在两大联盟间的陆上军备对抗成为主旋律[52]。

两次巴尔干战争加剧了这一趋势。两次战争的结果意味着在未来的欧洲冲突中，奥匈帝国将不得不向南派遣更多的军队，因此在德国与俄国对抗时，它所能提供的援助将大打折扣。德国1913年的《陆军法案》被寄希望于能够弥补这一劣势。之前，德国陆军部担心军队的扩大意味着要征召更多的中产阶级（而非贵族）军官和更多的工人阶级（而非农民）士兵，因而一直表示反对。而现如今已经无暇顾及这些，这反映了德国决策层当时更关注的是军事力量的平衡而非民主化[120]。而且，实施该法所需的经费须通过征收财产税获得，这遭到保守派的反对，而社会民主党虽然支持征收财产税，但却反对增加军费。德国国库并不空虚，但国内在如何筹措军费问题上分歧较大，因此在整顿军备问题上面临限制[113; 114]。与此同时，为应对德国的《陆军法案》，法国通过一项法案将军事服役期从两年延长至三年。1914年1月，法国又与俄国达成协议，向俄国提供25亿法郎贷款，俄国将用这笔贷款在1918年前修建超过5000公里的战备铁路，进一步提高军事部署速度。最终，俄国杜马在1914年7月通过了"伟大计划"，该计划准备在未来三年内将俄国的常备军数量增加40%。

与德国不同的是,俄国的扩军政策几乎不受财政限制。[101；151；152]

德国的作战计划由1890—1905年担任德军总参谋长的阿尔弗雷德·冯·施里芬(Alfred von Schlieffen)制订,并由毛奇进行了修改。该计划假设德国将在两条战线展开欧洲战争。1913年,在东线先发制人的计划被搁置,德国取胜的最佳机会被认为是在行动缓慢的俄军对德国构成威胁前彻底击败法国[134]。但1910年俄国军队的整编、铁路升级计划以及奥地利军力向巴尔干半岛的转移,都不可避免地增强了把东线暴露给俄国的危险性。德军数量大致与法国持平,而在1913年比利时也通过立法增强了军力。毛奇的作战计划是在72小时内夺取位于列日(Liège)的铁路枢纽,进而横扫比利时,而比利时的政策威胁到该计划的实施。德国似乎在军备竞赛中落伍了,而且注定会失败,但在1914年却出现了最后一次机会。德国1913年《陆军法案》的目标已经基本实现,而其对手们的扩军到1917年才会开始收效。《三年制兵役法案》可能暂时甚至已经重创了法国陆军,因为它意味着征召更多未经训练的士兵服役。1914年5月或6月,毛奇对德国外交大臣戈特利布·冯·雅戈(Gottlieb von Jagow)说,胜利仍有可能,但是很难在三年内实现,德国决策者们应该寻找机会发动一场预防性

阿尔弗雷德·冯·施里芬（1833—1913），德国军事家，1891—1905年担任德军总参谋长。1911年，晋升为陆军元帅。

小赫尔穆特·冯·毛奇(1848—1916),德国军事家,1906—1914年任德军总参谋长。

战争。虽然这并不意味着1914年7月德国当局必然按照毛奇的建议行动，但当他们介入萨拉热窝危机后，这种战略趋势就越来越明显了[52；117]。

毛奇认为，德国不应眼睁睁地看着三国协约取得优势。令人遗憾的是，当时国际局势最显著的特点就是日益增长的紧张气氛和大家对危险来临的感知。除军备竞赛外，造成这种局面的主要原因是一系列的外交危机，包括1905—1906年和1911年的摩洛哥危机，1908—1909年和1912—1913年的巴尔干战争，1913—1914年的土耳其海峡危机。阿加迪尔危机引发了连锁反应，它促使意大利在1911年发动了从土耳其手中抢夺利比亚的战争，随后巴尔干同盟又于1912年进攻了土耳其。一方面是列强在亚洲对奥斯曼帝国加紧蚕食，另一方面是巴尔干局势持续恶化。随着贝特曼外交政策的失败和各国进一步扩充军备对抗德国，列强间发生进一步对抗的可能性大大增强。

那么，在萨拉热窝事件前的任何时候，德国都一直预谋发动一场战争吗？答案是否定的。即便是费舍尔，也不再坚持认为"战争委员会"在大战发生前18个月时就决意开战[119]。约翰·勒尔（John Röhl）教授也认为，即使德国决定发动战争，那也是在1914年春或是初夏才做出的决定[28；ch.2]。档案文献（现在能得到的并不完整）中并未找到德国自1912年12月以来一直准备发动战争的证据。1913年的《陆军法案》在提交"战争委员会"前就已经原则上获得通过，在此之后，军备扩张的规模也没有达到毛奇的预期。这完全可以说明，德国通过该法案是为了应对巴尔干危机和可能发生的欧洲战争，而非发动一场这样的战争。蒂尔皮茨的确曾在"战争委员会"上要求完成黑尔戈兰岛（Island of Helgoland）的防御工事并且拓宽基尔运河（Kiel Canal，这样无畏级战列舰就可以在北海和波罗的海之间自由通行），而且这项工作也在1914年6月完成了。但海军参谋部认为，德国海军战舰数量上的劣势比海峡宽度的限制更为严重。此后，虽然又草拟了一项新的海军建设法案，但很快就被放弃了。也没有证据能够证明当局在1912年12月后一直持续煽动民众的好战情绪，相反，有迹象表明贝特曼曾试图给战争狂热降温 [52; 117: pp.190–8, 268–70]。

在此有必要了解一下德国官僚体系的运作方式。威廉二世负责协调，陆海军长官可以不经文官大臣直接与他沟通。但这位德皇反复无常，令人难以捉摸，根本无法胜任其职。要是把他偶尔的发脾气当回事儿就太天真了。最典型的是，"战争委员会"既不包括贝特曼，也没有外交大臣参加，甚至也不包括陆军大臣，这些人都是事后才获得通知。海军部和总参谋部这样的机构能够制订长期的计划，但政府各部门能否步调一致就很成问题了[125]。

同样值得我们注意的是，欧洲最强大军队的掌控者们一直在为是否动武展开辩论，而贝特曼尽管没有参加"战争委员会"的会议，但是威廉二世随后很快宣布，首相在原则上不反对战争[137: p.655]。至少从1912年12月起，德国军事当局就已经开始考虑对军队进行前沿部署；而到1914年春天，由于担忧俄国的意图，这种考虑显得更加突出。1914年3月，德俄两国展开了新闻战：德国媒体警告说，俄国可能在两到三年内做好战争准备；俄国报界则回应称，他们的国家不会因害怕德国的恐吓就放弃军备建设。毛奇持续向威廉二世和贝特曼详尽汇报德国的军备发展情况。但直到7月，一个修建战略铁路的项目和另一个在1916年可能要加强军备的计划（尽管缺乏资金）仍在探讨中；很显然，以上计划并没有意识到是否已经到了尽早发动进攻的时刻[52; 141]。

现在我们来看看"空白支票"。这一决定是在一系列零散的会议之后做出的，而在此期间，很多重要人物都在休假。沃尔夫冈·莫姆森（Wolfgang Mommsen）认为，"空白支票"是持不同愿望和议程安排的决策者们观点突然聚合的产物[130]。被愤怒冲昏了头脑并且对德奥团结一致过分信任的威廉二世，在7月5日表态支持霍约斯。早在1913年10月，威廉二世就鼓励康拉德进攻塞尔维亚。他说，他希望战争被控制在局部范围之内，但如果俄国胆敢动员，那德国也将不惜一战 [3; no.6]。同一天，威廉二世向军火供应商克虏伯·冯·波伦-哈尔巴赫（Krupp von Bohlen und Halbach）强调了最后一点 [117; p.478]。与之相对应的是，从毛奇和雅戈的最近一次会谈也可以看出，虽然毛奇当时不在首都，并未参与具体的决策过程，但他早就希望战争扩大。最令人费解的是贝特曼，在7月6日至28日威廉二世前往波罗的海期间，他与雅戈一起负责处理危机。贝特曼文件毁于"二战"的战火，但在费舍尔的观点引发争论期间，贝特曼的助手库尔特·里茨勒（Kurt Riezler）日记中的有关内容摘编 [109; 124; 127-8; 133] 出版了。这些文件表明，对失去盟友奥匈帝国的担忧，对英俄海军会谈的愤怒，尤其是对俄国威胁的预感，促使贝特曼有意识地冒险发动一场欧洲大屠杀。他希望，要么在巴尔干发动一场闪击战以结束三国协约，要么发动一场看起来前景乐观的欧陆大战。最近的研究清楚地显示，1914年7月的相关内容与里茨勒手稿中其他内容的版式并不一致，几乎可以肯定是在事后重写的。但是，这部分描述的情况在一定程度上能够被日记中的其他部分和当时在首相府、外交部留下的可靠档案所证实 [106; 109; 140]。两个机构的档案都显示，他们都更倾向于认为，能否遏止危机均取决于俄国怎么做。总的来看，上述证据表明，德国决策层（也许毛奇除外）更希望将奥匈帝国与塞尔维亚间的冲突限制在地区性战争的范围内：这不同于费舍尔后来的观点，但与其之前的观点是一致的。费舍尔认为（见下文第4章），贝特曼希望能避免与英国为敌，但威廉二世和贝特曼也都选择与俄法开战而非退缩。如果说他们不"想要"战争，那最多也只说对了一半。

德国开出"空白支票"的直接目的是支持奥匈帝国。在1879年德奥同盟和1882年三国同盟条约之下，德国本没有必要这样做，因为这两个联盟都是防御性的。虽然1909年和1912年德国都曾向奥匈帝国承诺过，如果奥匈帝国在对塞尔维亚使用武力时遭到俄国进攻，德国将向它提供帮助 [67; 71]；但1913年春夏，德国却劝说奥匈帝国不要草率行事。然而，从那以后德国人开始担心，如果不给予奥匈帝国强有力的支持，那么他们的盟友就有可能抛弃他们，甚至导致联盟崩溃 [73: pp.111, 117]。总体而言，德奥双方在巴尔干均势问题上保持一致，对维持欧洲均势至关重要。抛开两国皇室的关系和共有的德意志文化不提，哈布斯堡王朝的军队对德国的战略也至关重要。如果奥匈帝国崩溃，其国内说德语的人群就可能大量涌入德国，天主教势力会大大增强，进而削弱信奉新教的霍亨索伦王朝的势力。这些考虑，加上对颠覆活动的憎恶，足以使德国决定支持一场局部战争。而且，由于奥匈帝国很可能不会要求兑现，因此开出一张"空白支票"就更加容易。如果奥匈帝国发动了战争，那么一场使俄国蒙羞的局部冲突或许还可以瓦解三国协约；如果是一场欧陆大战，那么德国至少可以确定奥匈帝国会站在自己一边。虽然这一解释强调了德国政策的机会主义和外交的防御性特点（这种观点遭到了费舍尔的批评），但德国决策层仍然是在冒险而为，而只有通过对整个欧洲格局和巴尔干局势发展进行考察，才能理解它这样做的原因。冒着欧陆大战风险而做出的决定，是否会变成发动一场欧陆大战的决定，这取决于潜在的敌人是谁。

# 3
# 俄法方面的反应

德奥同盟的挑战使三国协约面临抉择，要么眼睁睁看着塞尔维亚遭遇灭顶之灾，要么做好准备打一场欧洲大战。虽然它们努力寻找一条中间道路，但很快就意识到不得不做出选择，最终它们选择了后者。俄国首先做出了决定，同时也是最重要的决定。7月24日的大臣会议和7月25日的御前会议（由沙皇尼古拉二世直接领导）先后决定不能放弃塞尔维亚。虽然俄国还会寻求通过外交途径解决问题，但在7月26日就将开始进行针对德国和奥匈帝国的预动员，而且如有必要，也将进行针对奥匈帝国的局部动员。尼古拉最终于7月29日下令进行局部动员，接着又于7月30日把命令改为针对德、奥两国的总动员，并从31号开始施行。作为回应，德国发出了最后通牒。

还是那句话，考察地区性问题必须从更宽的视阈入手。众所周知，俄国一向在"东方问题"——奥斯曼土耳其帝国在欧洲和亚洲的势力由衰退至土崩瓦解所带来的后果——上有着最大和最深远的利益。仅在19世纪，沙俄与土耳其之间就爆发了四次战争，分别发生在1806—1812年、1828—1829年、1853—1856年和1877—1878年。欧洲其他列强都或多或少担心，土耳

尼古拉二世（1868—1918），俄国末代沙皇，1894—1917年在位。

其的崩溃以及随之而来的俄国及其巴尔干附庸国的扩张会增强沙皇的力量,在它们看来这是危险的。相反地,俄国与法国结盟,主要是为了抵消德国在巴尔干地区支持奥匈帝国所带来的影响。临近1914年,土耳其加速走向衰落,与意大利和巴尔干同盟的战争也让土耳其的形势雪上加霜。战争还加深了奥匈帝国与巴尔干地区南斯拉夫人之间的敌意,以及德国与沙俄在达达尼尔海峡问题上的敌对。尽管如此,在大战前,不论是俄国还是其他大国,都不认为它们在土耳其问题上的利益纠葛会让它们彻底撕破脸 [149;153]。

此外,尽管数十年来俄国政府和公众舆论都将"东方问题"视为外交的核心,但如果客观分析就会发现,俄国人并未通过实际行动表现出对这一问题的特别关心。俄国在塞尔维亚的市场和投资微不足道。在俄国人眼中,巴尔干国家就是矗立在同盟国与土耳其海峡(俄国更重要的经济利益所在地)之间的隔离保护带。从军事上看,塞尔维亚、门的内哥罗,特别是罗马尼亚,如果都能站在俄国一边,确实能够极大地增强俄国对抗奥匈帝国的力量。然而,正如芭芭拉·耶拉维奇(Barbara Jelavich)所指出的那样,不能仅仅从冷血的利益角度来解释俄国人的承诺,还需要看到的是,他们与塞尔维亚人都信奉东正教,都说斯拉夫语。俄国有支持巴尔干斯拉夫人的传统，泛斯拉夫运动也宣称俄国支持巴尔干斯拉夫人是在完成自己的"历史使命"，而俄国政府则一向是口惠而实不至[149: ch.4; 154]。没有条约规定俄国必须支持巴尔干斯拉夫人，而且在1909年的波斯尼亚危机和1912—1913年的阿尔巴尼亚危机期间，尼古拉二世也都曾劝说塞尔维亚与门的内哥罗让步。那么，这次为何就变了呢？

部分原因在于，这次的危险更大。之前，塞尔维亚的独立并未受到威胁；而现在，虽然奥匈帝国并未提出吞并塞尔维亚的领土，但它似乎已经决意打垮塞尔维亚且不愿进行协商。俄国外交大臣谢尔盖·萨佐诺夫（Sergei Sazonov）于7月24日对其同僚表示，奥匈帝国的目标是把塞尔维亚变成它事实上的保护国，如果此举得逞，那俄国在巴尔干的威望就将"彻底坍塌"。另外，萨佐诺夫还认为，站在后面为奥匈帝国撑腰的是德国，而正是俄国过去实行的温和政策让德国可以如此恣意妄为。捍卫和平的最佳方式就是强硬，但如果强硬没有发挥作用，那么俄国必须"做出需要她做的牺牲"[155]。

罗曼诺夫王朝（俄国）和霍亨索伦王朝（普鲁士-德意志）建立的保守联盟日渐破裂。对此，泛斯拉夫主义与德意志激进民族主义的兴起都应承担部分责任。自19世纪80年代起，德国当局就阻挠向俄国提供贷款（俄

谢尔盖·萨佐诺夫（1860—1927），1910—1916年任俄国外交大臣。

国转而主要向法国寻求贷款）。而且1904年，被俄国认为于己不利的德俄贸易条约也面临续订。德国支持奥匈帝国本就给德俄关系蒙上了阴影，此时又有了达达尼尔海峡这一新的冲突点，这就促使俄国不仅要恪守与法国的同盟义务，而且要进一步加强与巴黎和伦敦的联系。随着军备竞赛走向高潮，冯·桑德斯事件和新闻战均促使俄国人下定决心不能任人欺侮[12; ch.4; 153]。

俄国人意识到，他们必须有所行动，而不能仅仅进行口头抗议。正是俄国率先开启了"七月危机"的战争之门。然而列强都知道，军事预防措施很可能被误认为意欲发动战争的信号。例如，在1912年11月第一次巴尔干战争期间，沙皇尼古拉曾经赞成基辅军区进行局部动员，这令萨佐诺夫和首相弗拉基米尔·科科夫佐夫（Vladimir Kokovtsov）十分恐慌。因为这一举动太具挑衅性，于是两人阻止了这一行为 [27；49：ch.1]。即便是在1914年发出最后通牒后，德国和奥匈帝国也没有提升战备级别，目的就是便于将冲突控制在一定范围之内。但遗憾的是，科科夫佐夫已经被老迈的伊万·戈列梅金（Ivan Goremykin）取代，萨佐诺夫也逐渐倾向于武力外交，并考虑借冯·桑德斯事件占领土耳其的领土。在德国的最后通牒到来之前，萨佐诺夫已经打算进行军事动员了。

这里需要厘清一些概念。欧陆强国的常备军包含职业军人和应召入伍的服役人员（服役期通常持续两到三年）。预备役军人是那些已经完成兵役但是仍有义务接受征召的人员。动员就是将预备役人员召回部队，使部队进入作战状态，只是还没有将他们送往前线，即通常所说的兵力集结。对俄国以及除德国外的其他国家而言，动员与集结都不意味着战争，因为即便是进行了动员和集结，士兵们仍然只是停留在边境。俄国威胁进行局部动员的目的是迫使奥匈帝国打退堂鼓。另一方面，7月26日起俄国针对同盟国实施的预动员措施，包括取消假期、备齐火车车厢和购置马匹。一旦战争爆发，俄国军队就能快速集结，针对的对象不仅限于奥匈帝国，还有德国。可以说，俄国人做好了迎击施里芬-毛奇计划的准备 [26; 47: ch.11]。

俄国的行动戏剧性地加剧了危机，使其对手的地区性局部战争设想化为泡影。德国军事情报部门迅速侦获了有关俄国行动的情报 [141]。7月29日，贝特曼警告说，如果俄国一意孤行，那么德国将被迫动员，一场席卷整个欧洲的大战"几乎"不可避免：也正是在这一天，传来了贝尔格莱德遭到炮击的消息。事态的发展使萨佐诺夫坚信一场全面战争"不可避免"，而且除了发布全面动员令之外，俄国已经别无选择。此时，沙皇尼古拉二世仍然倾向于采用权宜之计，即实施局部动员，但萨佐诺夫在7月30日下午说服了沙皇。两人都清楚地知道他们在做什么，正如尼古拉所说，全面的动员就意味着让"成千上万的人走向死亡" [3: nos 127, 136—7, 147; 53: p.80]。

在冯·桑德斯事件期间，沙俄决策者们曾与德国探讨过战争问题，并且认为在当时情况下战争手段并不可取。俄国总参谋部希望保持镇定，同时加紧重整军备，但与德国不同的是，等待对俄国是有利的 [52]。有人为俄国进行辩解，称他们之所以参战是因为受到了误导。萨佐诺夫把局部动员看作一条中间路线，这样做既不会触怒德国，又能使奥匈帝国产生动摇。7月27日，雅戈说德国可以容忍局部动员，萨佐诺夫显然相信了，并且直到7月29日才醒悟过来 [3：nos 103, 110, 138]。随后，刚刚上任且缺乏经验的总参谋长亚努什科维奇（Janushkevich）没能在第一时间提醒俄国决策层，他们的铁路系统还没有为兵力集结做好准备，如果实行动员令，那么俄国就会使自己处在对抗德国的危险之中。后来，亚努什科维奇加入了军队中主张全面动员的一派。但也有人怀疑，是否真正存在过中间路线。贝特曼7月29日的警告表明，即便俄国只是继续进行预动员，仍会推动德国加入战争。如果奥匈帝国决意入侵塞尔维亚，那么沙俄真正需要做出的抉择便是是否动用武力。大臣会议从一开始就倾向于在必要时动用武力。而且当萨佐诺夫呼吁实施全面动员时，他已经下定决心，一场欧洲大战已不可避免 [47：ch.11；155]。

两大因素促使俄国采取冒险行动。其一，俄国统治者希望稳固国内统治。被日本打败后，俄国随之爆发了革命风暴。就在"一战"爆发前夕，工人阶级运动风起云涌，并在1914年7月发展成圣彼得堡总罢工。新闻界支持塞尔维亚,内务部则声称农民会服从征召。萨佐诺夫警告沙皇尼古拉,若不对贝尔格莱德伸出援手,那么俄国就很有可能"爆发革命,而沙皇也有失去皇位之虞"[12;ch.4;33;157;p.109]。

其二,虽然陆海军大臣均表示没有做好战争准备,但他们也一致认为最好的办法是采取强硬措施。战争已经不再如波斯尼亚危机时那样遥不可及。俄国人认为自己比奥匈帝国强大,并期待法国能够承受住德国的第一波攻击。法国军方非常乐观,法国老百姓也断言俄国可以依靠他们[51;52]。

这种态度也影响了俄国的盟友。萨佐诺夫相信英国海军是对德国最大的威慑,但他没有得到伦敦方面的任何承诺。这样一来,赢得法国的支持变得更加重要。如果法国像它在1909年那样阻止俄国,那么,即便俄国的怨恨足以使俄法同盟灰飞烟灭,圣彼得堡也不太可能选择孤军奋战。事实上,由于法国政府暂时的无领导状态,俄国人收到了他们自己版本的"空白支票"。

1914年7月20日—23日,法兰西第三共和国总统雷蒙·普恩加莱和总理勒内·维维亚尼(René Viviani)共同到访圣彼得堡。法俄就萨拉热窝事件进行了磋商,并考虑给奥匈帝国以警告。就在两位法国首脑离开圣彼得堡之后,奥匈帝国向塞尔维亚发出了最后通牒。与此同时，德国人则竭力干扰法国首脑所乘之船与外界的无线电联系。从7月23日离开圣彼得堡至29日回到巴黎，外界与普恩加莱和维维亚尼的联络十分困难且不可靠。但是这样一来，德国非但没有达到阻止法俄联手的目标，反而加速了这一趋势，因为这在事实上把法国的决定权交给了法国的下级官员。普恩加莱和维维亚尼不在巴黎期间，法国陆军部长和总参谋长就向俄国驻法国的陆军武官表达了他们对未来冲突前景的乐观态度，并且提醒俄国不要忘记它曾经做出的保证，即一旦开战，俄国将立即进攻德国——这就排除了针对奥匈帝国进行局部动员的可能。7月24日俄国大臣会议召开前，法国驻俄大使莫里斯·帕莱奥洛格（Maurice Paléologue）对萨佐诺夫表示："法国不仅会在外交方面坚定地支持俄国，如有必要，法国会履行联盟让她承担的一切义务。"[3：no.68]

与法国军方一样，帕莱奥洛格认为，如果战争到来，俄国应该尽快发起进攻。与普恩加莱和维维亚尼相比，他很有可能给了俄国更加明确的保证，但却没有及时向巴黎方面报告俄国行动的进展状况。7月30日，已经回到巴黎的普恩加莱和维维亚尼通过电话力劝俄国不要轻举妄动，以免刺激德国进行军事动员。但为时已晚，法国已经无法阻止俄国进行军事总动员。严格地说，俄国

雷蒙·普恩加莱(1860—1934),法国政治家,1912—1913年任法国总理和外交部长,1913—1920年任法国总统。

勒内·维维亚尼（1863—1925），法国政治家，1914—1915年任法国总理。

在行动前并没有与它的盟国充分交换意见，法国本可以据此不履行盟国义务。但是，普恩加莱和维维亚尼明白，与其这样做，倒不如直面战争。当德国要求法国中立时，他们拒绝了。[99；100；102；104]

这看上去很矛盾，但如果我们回想一下联盟缔结的最初动因，就可以理解法国的选择：如果俄国战败，法国就必须独自面对德国的威胁，甚至需要单独打退德国入侵。在许多方面，帕莱奥洛格和军方都只是延续阿加迪尔危机以来的法国政策，其首要主题便是"民族的再觉醒"。让-雅克·贝克尔（Jean-Jacques Becker）强调了民族主义复活的局限，他认为这种情绪在巴黎的知识和政治精英阶层中最为高涨。1914年5月—6月的议会选举出现了左转的迹象。尽管如此，当时的政治评论家们都相信"民族的再觉醒"是现实存在的，而且在政府的政策中有所体现。[97]

这其中反映在采纳新任总参谋长约瑟夫·霞飞将军（General Joseph Joffre）的第17号战略计划上。依此计划，法国陆军将对德国发动战争，并迅速占领德国领土[51；55]。普恩加莱在1912年担任法国总理和外长后，致力于恢复民族自信、加强军备及外交准备。1913年当选为总统后，普恩加莱仍在法国外交政策的制定过程中起主导作用。他并不希望通过发动战争来收复1871年

约瑟夫·霞飞（1852—1931），法国元帅、军事家，1911—1914年任法军总参谋长。"一战"初期，任法军西线总司令。

落入德国之手的阿尔萨斯-洛林地区。但他的确希望三国协约足够强大，能够制止外来攻击，即便威慑失败，也能打赢战争。法国向巴尔干地区出售武器并提供贷款。法俄军事联系日渐增强。早在1911年，俄国就对法国承诺可以在15天的动员后向德国发动进攻。法国在1913年制定的《三年制兵役法案》，既是对德国行为的回应，也是实施第17号计划的必要条件，同时也可让尼古拉二世看到法国的决心。尽管如德奥同盟一样，法俄同盟也是一个防御性同盟，但是1912年普恩加莱显然向俄国做出了承诺，即如果俄国因卷入奥匈帝国与塞尔维亚的冲突而遭到德国的攻击，那么法国会向俄国提供帮助。这与1909年德国向奥匈帝国重新解释它的盟友义务类似，并为1914年开创了先例[100-3]。

法国在萨拉热窝事件发生前的活跃表现，有助于解释德奥同盟为何变得如此焦虑。在整个七月危机期间，法国都刻意保持谨慎，当然对俄国的态度是一个重要的例外。霞飞并不是要迫不及待地投入战争，他只是担心法国毫无准备地陷入其中，因此他呼吁加强防备，却被法国政府的部长们拒绝了。普恩加莱可能担心左翼政党在选举中的成功会影响《三年制兵役法案》的实施[101]，但总的来说，与俄国一样，法国也愿意推迟与德奥集团摊牌。法国因此担心发生毫无必要的挑衅行为，同时还有两个特殊原因也要求它保持克制。首先是公众舆论。社会主义者选票的增加抵消了新兴民族主义的影响，而法国总工会正准备发动一场反战大罢工。政府使社会主义者们相信法国是无端侵略的受害者，并夸下海口，不再逮捕那些被打入另册、列在潜在破坏者名单中的左翼分子。1914年7月31日，法国社会党领袖让·饶勒斯（Jean Jaurès）被狂热的保皇分子刺杀，这促使法国总

会也转而支持战争 [97]。

　　令法国保持克制的第二个因素来自英国。直到最后关头，法国才确定英国人站在自己一边，而为了赢得英国支持，显现出自身是无辜一方十分重要。因此，与施里芬-毛奇计划不同，第 17 号计划没有直接入侵比利时的方案。考虑到英国因素，法国推迟加强边界防卫，7 月 30 日时仍命令军队在边界线以内十公里驻防。法国虽然不能强迫英国向自己伸出援手，但如此谨慎地处理危机也正是为了避免给英国日后援助自己制造障碍 [55]。

# 4
# 走向世界大战

现在我们看一下德国发动欧洲大战的决策过程。发动战争的决定是在7月31日做出的。这一天，德国向俄国与法国发出最后通牒，并宣布面临"危险的战争形势"（如俄国预动员一样的警戒和准备状态）。随后，德国于8月1日开始总动员。与之前的"空白支票"大为不同，在做出这一决定前，德国内部经历了三天的犹豫和争论，原因是德国决策层一致认识到这场战争将不仅针对俄国和法国，几乎肯定还要面对英国。

7月28日—30日发生的事情充分表明，自危机开始以来德国领导层内部达成的一致只是表象。威廉二世巡游归来后，试图做出让步。7月28日，他在给贝特曼的信中写道，塞尔维亚的回复已经使奥匈帝国失去了发动战争的理由，而且他建议奥匈帝国止步于贝尔格莱德，仅是越过边境，以占领贝尔格莱德作为担保，督促塞尔维亚履行诺言。然而，贝特曼无意改变政策，在传达威廉二世的意见时避重就轻，说他不愿为了避免一场世界大战而去阻止奥匈帝国，即便世界大战来临，也要让俄国来承担罪责。29日，贝特曼却改变了态度，敦促奥匈帝国"止步于贝尔格莱德"；同日，英国也发出这样的呼吁。尽管费舍尔对贝特曼这样做的诚意提出了质疑，但他这种质疑似乎没有理由，而且通过分析当时的形势，我们可以对贝特曼的行为做出很好的解释 [3: nos 112，115，130，133]。

首先，是德国公众的舆论。政府与德国社会民主党领导人进行了交流，后者表示，只要政府不再迫害他们，他们就支持动员，因为显而易见，俄国是侵略者 [123]。其次，马克·特拉赫滕贝格（Marc Trachtenberg）认为，俄国即将开始的局部动员使贝特曼犹豫了，但根据杰克·利维（Jack Levy）的观点，主要的影响因素（贝特曼当然会把其转达给奥匈帝国）来自于7月29日爱德华·格雷迟到的警告。格雷声称，如果法德发生冲突，英国将迅速介入。若真如利维所言，这就支持了费舍尔的观点，即德国是在错误地估计英国会保持中立的情况下，向奥匈帝国开出了一张"空白支票"。这也就意味着，如果英国人早点做出警告，那德国就可以在俄国还没有进行全面备战，而且时间也还充裕的情况下，及早对奥匈帝国进行限制 [48；53]。

英德关系是危机期间最具争议的问题。路易吉·阿尔贝蒂尼（Luigi Albertini）等人就指责格雷没有及时作为 [9]。但他的证据却是矛盾的。英国在两次摩洛哥危机中都支持了法国，尤其是第二次危机期间，财政大臣戴维·劳合·乔治于1911年7月在伦敦市政厅公

爱德华·格雷（1862—1933），英国自由党政治家。1906—1916年任英国外交大臣，是英国史上任期最长的外交大臣。

开发表演说，以表达对法国的支持。紧接着，"战争委员会"也警告说英国将站在法国一边与德国一战。但随着1912年以后英德关系的改善，德国可能相信三国协约已被削弱。到1914年春天，蒂尔皮茨、雅戈和外交部首席英国问题专家威廉·冯·施图姆（Wilhelm von Stumm），都乐观地认为英国会保持中立。另一方面，费舍尔也强调了英俄海军会谈给德国带来的沮丧情绪，这意味着对德国的包围圈正在收缩。在众多观点中，一种折中的看法是，英国在与其伙伴疏远后，似乎想再次接近它们，这就使立即解决问题的理由更加充分了。而且，格雷在危机开始时的谨慎很可能增强了德国的错觉。他向德国驻英大使利赫诺夫斯基亲王（Prince Lichnowsky）暗示，英国不会卷入到一场涉及欧洲大陆四大国的战争。7月23日，贝特曼向威廉二世汇报称，"英国不可能立即加入到战争中来"[127: p.63]。到7月29日，贝特曼仍然十分自信并愚钝地认为，只要英国保持中立，德国就可以承诺不兼并比利时的领土（这实际上是承认德国有意入侵）或法国在欧洲（但不是海外的）的领土。利赫诺夫斯基的电报通报了格雷的警告，这种想法因此不复存在。收到这一警告后，德国首相才开始尝试将外交机器的扳手反转过来[96: 142]，但为时已晚。

普恩加莱和维维亚尼在7月30日向俄国发出呼吁，贝特曼也在这一天很晚的时候对奥匈帝国做了同样的事情。特纳（L. C. F. Turner）和特拉赫滕贝格都对此提出质疑，认为德国并没有这样做，因为这一行动遭到了毛奇的暗中破坏[53—4]。7月30日，毛奇的确曾经致电康拉德，敦促他迅速启动针对俄国的动员，并声称德国也将这样做。霞飞担心俄国把对抗的重点放在奥匈帝国身上，而毛奇则担心奥匈帝国专注于塞尔维亚，事实上奥匈帝国的行动也确实是从塞尔维亚开始的。毛奇的行为超越了他的权限（尽管他或许已经得到了威廉二世的同意），这使贝希托尔德更容易拒绝贝特曼的呼吁。但是在贝希托尔德的回复到来之前，贝特曼已经于7月30日夜至31日凌晨决定取消他的最初提议，主要原因是已经有关于法国、比利时及俄国采取军事行动的充分证据，毛奇和陆军大臣埃里希·冯·法尔肯海恩（Erich von Falkenhayn）都认为目前面临"危险的战争形势"。贝特曼让步称，无论如何在7月31日中午前都必须做出决定，但是当天上午俄国实行全面动员的消息得到证实。他有了把战争罪责推给俄国的借口，也可以借此搞定德国社会民主党 [136; 141]。

比利时与协约国尤其是俄国的军事准备，是德国采取行动的直接原因。但是这不意味着贝特曼的辩解——俄国的动员毁了他的和平倡议，危机已经失去控制，没有哪个政府希望战争——是正确的。如果德国在它的敌人准备停当后仍袖手旁观，施里芬-毛奇计划就无从实施，那时它就要在军事自杀与外交羞辱间做出抉择了。这种困境是德国自己造成的。7月29日至30日，贝特曼要求在把战争罪责推给俄国前暂缓行动，虽然德国官员和军方在这两天的时间里矛盾重重，但他们仍在很多方面达成了一致。贝特曼和雅戈忽视了施里芬-毛奇计划的细节（包括夺取列日要塞），但是他们大体理解这一计划，而且也明白一旦协约国有所准备，德国就会面临压力。从一开始他们便意识到与俄法开战的可能性。另一方面，除了毛奇不在乎英国是否参战外，没有其他任何一个德国领导人愿意与英国一战。直到8月1日，贝特曼和威廉二世都还认为格雷将保持中立的报告是可信的，他们甚至因此不顾总参谋长的反对，下令暂停了德军在西线的行动长达数小时之久。直到有证据证明这份报告有误时，他们才下令行动继续。这一事件——被称为"误解"——表明是德皇和文职官员而非军方在主导战争；但其结果也说明，不管是德皇、文职官员还是军方都意识到，在法俄备战之时，存在英国参战的可能性。[53；91；96]

说德国当局"杂乱无章"或被毛奇误导是不对的，但其所作所为却也足以说明德国官员极不称职。在错误估计了俄国对塞尔维亚、英国对法国的承诺后，德国人在几乎没有把握战胜其中任何一方的情况下就加入了战争。即便是对阵法国，虽然总参谋部希望能够获得速胜，但是他们并不确定是否有可能取得一场决定性胜利[121]。作战目标是什么？怎样使用军事力量解决面临的困难？对于这些问题，德国人都没有思考太多。贝特曼在争取英国中立时开出的条件与他对法国殖民地的兴趣相悖，这是不争的事实。7月31日，威廉二世还要求俄国必须交出波兰。尽管在 1914 年 1 月，德国政府还表示德国现行的关税税则令人满意，但最迟从 1912 年起，首相就已经开始考虑德国在非洲的扩张和建立一个中欧关税同盟 [16: 1st edn: chs 3, 5]。这些征兆加上敌意爆发时的决策速度，以及达成战争目标的努力，都表明费舍尔的猜测是正确的，即德国政府很明确自己的目标，七月危机期间德国的行动并非仅仅是一次针对敌对国包围的预防性举措。但我们也不能就此判定，德国为了获得世界霸权地位而蓄谋参战。七月危机期间制定的决策是层层递进和不断互动的结果：首先以萨拉热窝事件为借口，不惜冒一场欧陆大战的风险发动一场局部战争；进而决定与俄、法开衅；此后又对比利时下达最后通牒，并与英国撕破脸。德国的决策者们认为，他们是为了防御性地对抗敌国的包围，应对被日益破坏的欧洲军事均衡，以及支持自己的盟友。虽然仍需时间来验证，但他们防御的手段是进攻，解决问题的方案是在整个欧洲大陆乃至全球进行扩张。

德国的决定意味着在德奥集团和法俄集团之间必有一战。在两大阵营之间，意大利选择了暂时保持中立，而奥匈帝国和德国原本期望意大利会助它们的战争边缘政策一臂之力 [70: ch.2; 148]。虽然意大利军方首脑已经制订了应急方案,但是意大利外交大臣迪·圣·朱利亚诺侯爵(Marquis di San Giuliano)和首相安东尼奥·萨兰德拉(Antonio Salandra)在国王维托里奥·埃马努埃莱三世(Victor Emmanuel III)的支持下都倾向于不执行这一方案。三国同盟条约规定,如果奥匈帝国进攻塞尔维亚,那么意大利就不用再承担共同防御义务,更何况奥匈帝国不顾同盟条约第七条的规定,在事先没有与意大利达成补偿协商的情况下就发动了巴尔干战争。即便如此,圣·朱利亚诺依然表示可以给予奥匈帝国帮助,但作为回报,奥匈帝国要将说意大利语的特伦蒂诺(Trentino)地区割给让意大利。对此,奥匈帝国予以拒绝。无论如何,意大利人(他们在阿尔巴尼亚有野心)都不希望看到哈布斯堡王朝的势力不断扩张,并担心自己会成为战胜国德国的卫星国。意大利人也不愿与英国舰队为敌,因为那支舰队能够封锁其港口,夺取其殖民地,炮轰其城市。刚刚过去的利比亚战争耗尽了意大利的国库,重整军备被迫中止,国内局势也动荡不安。鉴于以上原因,意大利最好暂时置身事外,至少要等到看明白哪一方胜算更大时再介入战争。1915年5月,在获得奥匈帝国领土的引诱下,意大利终于对奥匈帝国宣战。当时它认为战争会很快获得胜利,但万万没有想到的是,它加入了一场长达三年的消耗战。[145—7]

迪·圣·朱利亚诺（左）与利奥波德·贝希托尔德（右）。迪·圣·朱利亚诺侯爵（1852—1914），1910—1914 任意大利外交大臣。

与意大利政府一样，英国政府并不肯定自己必然参战。虽然早在1839年英国就签署了为比利时独立提供保证的《伦敦条约》，但如果是其他签约国破坏了保证，英国内部对于是否还要提供军事援助存在争议。1914年7月29日，英国内阁达成一致，任何帮助比利时的决定都只是"必须实行的政策而非法定义务"[24: p.36]。至于英国和法俄两国的关系，虽然1904年《英法协约》和1907年《英俄协约》已经协调了欧洲以外的矛盾，但英国还是在1911年和1913年分别与法国缔结了一项陆军合作协定和一项海军合作协定。前者规定，英国派遣六个师的远征军跨过英吉利海峡与法国并肩作战。后者则规定，法国海军在战时负责防卫西地中海地区，英国海军负责东地中海和怀特岛（Isle of Wight）以东的英吉利海峡，包括法国北部海岸地区。但是，在1912年11月格雷与法国驻英大使保罗·康邦（Paul Cambon）交换的秘密信件中也强调指出，这两个协定都只是为意外做的准备。如果和平遭到威胁，英法两国将进行协商；如果他们决定采取联合军事行动，就会考虑这两个方案。实际上，英法很有可能执行这两个方案，而不仅仅是说说而已，只是双方没有对此做出保证。法国陆军制订的第17号计划，并未把得到英国帮助考虑在内；1912年，法国海军调整部署，地中海地区兵力增强，英吉利海峡

保罗·康邦（1843—1924），法国外交官，1898—1920年任法国驻英国大使。

则防卫相对薄弱，但与此同时，法国也制订了独自作战的备用计划。1914年，英国保证与法国协商行事，但仅此而已 [55; 95]。

尽管如此，英国内阁还是于8月2日（星期日）决定保卫法国海岸线和法国舰队，并警告德国海军离开英吉利海峡。事实上，它一直希望置身事外。英国内阁还决定，要保证比利时的中立不受"实质性"威胁。紧接着，英国向德国发出最后通牒，并随之宣战。

危机的第一阶段,自由党政府正被《爱尔兰自治法案》(Irish Home Rule Bill)所带来的政治风暴搞得焦头烂额,都柏林(Dublin)民族主义者和贝尔法斯特(Belfast)保王派之间的内战一触即发。有关欧洲外交的事务都交由外交部处理。然而,7月27日后,内阁开始连续讨论欧洲大陆形势的发展,直到最后关头,大部分内阁成员还反对介入战争。迟至8月1日,英国还决定无论如何都不会向欧洲大陆派遣远征军。格雷通知康邦,法国必须自行决定是否帮助俄国,而英国则不保证提供

戴维·劳合·乔治(1863—1945),英国自由党政治家。1908—1915年任英国财政大臣,1916—1922年任英国首相。

赫伯特·阿斯奎斯（1852—1928），英国自由党政治家，曾任内政大臣及财政大臣，1908—1916年任英国首相。

支持。然而在8月2日，英国的政党政治在某种程度上打破了这一平衡。格雷威胁说，如果不向法国和比利时做出承诺，他就辞职；首相赫伯特·阿斯奎斯（Herbert Asquith）表示，他会与格雷共进退。在野的保守党领袖也力促支持法国和俄国。如果中立派坚持己见，英国政府就会垮台，保守党与极力主张参战的自由党会联合起来把英国带入战争。保住内阁团结并留在台上继续执政更重要，只有这样，自由主义原则才不至于被过度的爱国主义摧毁，而大臣们也才能保住他们的政治生涯。看起来最有可能成为不干涉派领袖的劳合·乔治反水，转而支持阿斯奎斯，只有两名内阁成员随后辞职 [80；90；92]。

然而，不考虑当时背景，仅从党派政治角度做出解释是不够的。即便不考虑条约义务，比利时也是一个重要因素。数个世纪以来，英国一直力图保证与伦敦和泰晤士河口隔海相望的低地国家不为与英国敌对的国家所控制。正是由于这个原因，英国此前于1839年签订了《伦敦条约》。如果说右派考虑的是国家安全，那么对左派而言，他们考虑的则是保护弱小国家、法治及表明侵略不应得到回报等道义问题。但他们不确定的是，比利时是否会抵抗侵略，尤其是德国其实只穿越了比利时东南部阿登高地这一边缘地区。最终，德国强硬的最后通牒、比利时政府勇敢的拒绝以及比利时国王阿尔贝向英国求援，促使英国下定决心参战 [12；ch.7]。

如果没有德国对比利时的入侵，英国的参战不会如此迅速，而会引发更多争议，或许根本就不会参战。然而，与1870—1871年的普法战争不同的是，即使参战双方尊重比利时的独立，英国也不会对它们的争斗坐视不管。对交战双方而言，英国对比利时的保证并非不偏不倚。如果法国违背条约，英国是不会对它宣战的。而一旦侵略者是德国，那对比利时的入侵就成了严重问题。大多数英国政治精英已下定决心，不能允许德国击败法国。不仅保守党如此认为，阿斯奎斯、格雷、温斯顿·丘吉尔（Winston Churchill）及主战派内阁成员都这样认为，就连劳合·乔治也有相同看法 [77]。阿斯奎斯在 1914 年 7 月 24 日写道："法国退出大国行列是不符合英国利益的。" [12: p.145]

英国并不认为自己在东欧的利益至关重要。迟至 8 月 1 日，格雷仍然坚持，如果法德相安无事，就让俄国独自面对德奥同盟 [91]。虽然萨佐诺夫希望能与英国发表联合声明支持塞尔维亚，但是格雷对做出这样的保证犹豫不决。但正如基思·威尔逊（Keith Wilson）所言，对于中立的英国来说，法俄获胜比德国获胜要好一些。英国之所以缔结协约，就是因为它没有足够的力量同时应对多方威胁以保卫其全球利益。虽然英国后来决定遏制德国，但也并非从一开始就决定与德国为敌（英国在 1898—1901 年还曾与德国谈判结盟，但没有成功）。印度仍然有可能遭到入侵，如果不与俄国订立协约，英国就不得不在印度西北部边界耗费巨资修建防御工事，如此一来，社会改革和扩充海军军备都将难以进行。但是，英俄摩擦依然存在，至 1914 年双方在波斯的矛盾甚至颇为激烈，严重威胁两国关系，以致格雷在 6 月声称英俄关系面临"危机"。7 月 25 日，萨佐诺夫发出警告，如果英国仍然置身事外，那么就会损害与俄国的友谊，而这种友谊对英国维护亚洲利益来说至关重要。或许正因如此，格雷才更坚定地站在俄国一边。与此类似，保罗·康邦也警告说，英法矛盾有可能再次凸显 [28：ch.7；93；94]。

抛开英国与法俄的协约关系不谈，英德矛盾本就十分突出，英国内阁顾忌最多的也是德国的威胁。保罗·肯尼迪（Paul Kennedy）和扎拉·斯坦纳（Zara Steiner）认为，五大原因引发了英德冲突 [82；90]。第一是意识形态的分歧。英国在很多方面更为自由，但这是否引发了英德矛盾还值得商榷。第二是商业竞争。与后来商业繁荣时期相比，这一点在19与20世纪之交表现得更为尖锐。德国出口的钢铁、化工、机器等产品，总体上比英国产品更具竞争力，并且打入了英国国内市场。德国还在1879年和1902年两次提高关税，这都被谴责为贸易歧视。1906年的大选中，自由党依然凭借坚持自由贸易的纲领取得大胜。两国互为对方最大的贸易伙伴，而且虽然英国对德国是贸易逆差，但从整个帝国来看，它还是能够实现国际收支顺差。关税保护主义把保守党推向了反德阵营，但从总体上讲，商业竞争并不是大战前英德间的主要问题。

冲突的第三个根源是两国对欧洲以外地区的争夺。在1914年前的缓和期，英德间的这种争夺远没有在19与20世纪之交时激烈。在英国深感力不从心，只能眼看着19世纪的辉煌一去不复返的敏感时刻，德国的"世界政策"(例如威廉二世支持南非布尔人)刺激了英国[76]。然而贝特曼上台后,希望通过谈判实现在非洲的目标;格雷也认为,可以借此平息激进派对他的批评,缓和国际紧张局势。1914年,两国就在奥斯曼帝国境内修建铁路划界一事达成一致,保证了英国在波斯湾的特殊地位。1913年英德达成谅解,修订了1898年两国达成的关于葡萄牙非洲帝国解体后的瓜分约定;但这份约定从未被批准,因为英国希望将它与1899年保证葡萄牙帝国完整的条约一起公布,德国对此表示反对[84]。这一颇具讽刺意味的插曲表明了英国追求缓和的有限性:至少殖民地问题是可以商榷的。

第四个和第五个原因——海军军备竞赛和欧洲均势——也难有说服力。早些时候,贝特曼曾试图把两件事情放在一起谈,但双方只是在英国陆军大臣霍尔丹(Haldane)1912年2月访问柏林期间对一些细节进行了探讨。在霍尔丹访问期间,德国宣布了另一项《海军法案》,宣布进一步提高德国常备战舰比例。英国承诺互不侵略——双方都不攻击对方——但不保证在欧陆战争中保持中立。霍尔丹使命失败后,1912—1913年,温斯顿·丘吉尔(当时的海军大臣)倡议两国休一年"海军假日"(即海军裁军期,naval holiday),或在一年内停建新的战舰。这对英国是有利的,因为英国的船坞可

理查德·霍尔丹（1856—1928），1905—1912年任英国陆军大臣。1912年，奉命前往柏林，与威廉二世商谈停止英德海军军备竞赛等问题，未取得任何成果。

以很轻易地找到比德国更多的替代订单，但丘吉尔的倡议没有任何结果。尽管英德海军谈判陷入僵局，但在德国集中精力发展陆军后，英德海军竞赛逐渐降温，两国舰艇比例达到了双方都可以接受的程度。英国虽深感压力巨大，但仍保有优势；蒂尔皮茨建造的新型无畏舰使他感到，德国不再可能在一次预防性攻击中被轻易击败。

戴维·劳合·乔治（左）与温斯顿·丘吉尔（右）。丘吉尔（1874—1965），英国政治家。1911—1915年任海军大臣，1917—1919年任军需大臣。

虽然海军军备竞赛比其他任何因素都更能促使英国把德国当成其敌人,但停滞的谈判已经使双方激烈的情绪降温,并事实上缓解了紧张的局势 [83; 86]。

然而这强调的是英德关系缓和的局限性,这种缓和仅仅是表面关系的改善。保罗·肯尼迪认为,英德冲突最重要的根源是经济上的,这里所说的经济并非指贸易,而是指德国的财富和人口使它能够统治整个欧洲,而自拿破仑以后还没有一个国家拥有如此力量 [82: pp.464–5]。虽然美国是一个例外(正如肯尼迪承认的),且美国的发展甚至更具震撼力,但是英国认为美国的威胁比德国小。德国资源丰富,地理上与英国也更接近,不仅如此,威廉二世统治下的德国还不断挑衅,其行为令人难以预测。英国的政治家们已经下定决心,在通过缓和英德关系把英德摩擦维持在可控范围内的同时,绝不能任由德国与法俄进行对抗,英国要维持欧陆均势。事实上,英德双方对彼此的忠诚都怀有误解,并且带着误解走进了七月危机。德国低估了英国维持法国独立的决心。格雷则以为,他可以像1912年那样与贝特曼合作阻止奥匈帝国;而德国人似乎已经迷惑了格雷,让他认为在柏林存在鹰派与鸽派之争,他得支持后者 [74]。格雷迟迟不对德国发出警告的原因正在于此,而非他在内阁所面临的困境。而随后格雷对德国的愤怒,也在一定程度上源于他认为自己上了德国人的当。

至此,重点已经放到了政治精英身上。乔治五世对欧陆其他君主缺乏影响力,陆海军首脑也对其他欧洲同行无计可施。英国陆军作战处处长亨利·威尔逊爵士(Sir Henry Wilson),没能说服政府派出英国远征军。虽然英国皇家海军已经高度戒备,并且被派往位于斯卡帕湾(Scapa Flow)的作战基地,但这一指令是由丘吉尔在与格雷和阿斯奎斯联络后下达的,而非来自海军上将们。另一方面,英国要参战必须经由议会批准,而一旦保守党表明立场,激进的反对也就不复存在,那么获得议会的批准就轻而易举。爱国主义情感充斥伦敦的街头和媒体,这促使政治家们紧密团结,但是几乎没有更多证据表明,英国当局加入战争是为了像德国那样稳固国内秩序。考虑到爱尔兰形势,阿斯奎斯认为欧洲危机可以分散人们对《爱尔兰自治法案》的注意力,也可以把他从棘手的困境中解放出来。但是,这仅仅是英国参战的次要原因,不能被视为英国参战的主要动机。而且,英国刚刚经历了一场前所未有的罢工风潮,而新近形成的包括矿工、码头工人和铁路工人的"三方联盟",可能发动一场更大规模的罢工。英国参战,很可能非但没有稳定社会,反而会造成食品短缺并加剧工人阶级的动乱。英国政府最初把两个师的远征军留在国内,就是为了预防此类事情的发生。

英国内阁的决策，取决于他们对未来要打何种战争的预测，即便没有人认真分析这些预测。亨利·威尔逊认为，交战双方势均力敌，所以英国的迅速介入可以使西方的天平发生倾斜，并鼓舞法国的斗志。然而，内阁大臣们8月2日做出的决定是不派远征军去法国，这使前一天的希望落空了。英国宣战后，这一决定才被一个由干涉主义者控制的内阁下属委员会修正。不管怎样，英国人希望速战速决，而且要让法俄承担主要伤亡，或者在剥夺德国的贸易和殖民地的同时，削弱法俄以使英国获利。丘吉尔对英国的海军优势信心十足，只要战争持续较长时间，他和格雷都认同海军部的评估，即不论短期内英国海军遭到什么损失，德国都更易遭到封锁。如其他列强一样，英国也没有预想到等待他们的是一场怎样的战争。[39；78；80]

# 5

# 破解谜题

至此，对1914年各国决策历史认识的分析告一段落。接下来，我们将转向宏观问题。现在我们不再拘泥于具体事件的进展，而是探索战前的欧洲在总体上呈现出哪些特点，而恰恰是这些特点把欧洲推入了绝境。首先，我们需要从史料的获取和历史学家的立场两个方面入手，搞清楚现有的结论是如何得出的。

由于七月危机灾难性的后果，对于会有如此众多的著作致力于研究该问题，我们并不感到惊讶。而且史无前例的是，历史学家可以在事后不久就获得大量有关此次危机的信息。战争爆发后仅仅几周，参战各国就在所谓的"彩皮书"中公布了经过挑选的档案。第一次世界大战后，包括丘吉尔、格雷、普恩加莱、康拉德等在内的各国政治家，也都纷纷出版了颇具启发意义的回忆录 [63; 72; 79; 102]。对七月危机的研究之所以能够成为热点，首先得益于20世纪20年代开始出版的多卷本各国外交部档案选编。布尔什维克在俄国取得政权后，就开始公布沙俄的外交档案。随后，《红色档案》(*Red Archive*) 杂志和大部头的《帝国主义时代的国际关系》(*International Relations in the Era of Imperialism*) 一书都公布了更多的相关档案 [5]。1918年11月威廉二世退位，在柏林新成立的德国临时政府，委任经验丰富的社会主义者卡尔·考茨基（Karl Kautsky）编辑了关于七月危机的四卷本档案集《世界大战的爆发》（*Outbreak of the World War*）[8]。随后，又出版了大战前的有关档案四十卷，即《欧洲各国政府的重大政策》（*Die Grosse Politik der europiiischen Kabinette*，后简称《重大政策》）[7]，这促使大战中与奥地利和德国为敌的国家也纷纷步其后尘，即便只是为了证明它们未有所隐瞒 [1；2；4；6]。《重大政策》有意挑起论争，读者在使用时需要谨慎。所有这些档案选编都更侧重于记录与外交有关的内容，而对大国关系的经济、意识形态或战略等方面涉及较少；这也有助于解释为何迄今为止有关大战起源的著作聚焦于联盟和危机。尽管如此，这些材料的出现使历史学家们几乎可以以小时为单位回溯历史事件，标志着在获取史料方面的第一次革命。

第二次革命是欧洲各国档案被公之于众。1945年，战胜国将缴获的德国档案公之于众。虽然大部分军事档案已毁于战火，但相比其他国家而言，德国有关"一战"的档案还是最早进入公众视野的。20世纪60年代，先是英国和奥地利，随后是法国和意大利，相继解密了它们的档案。20世纪70年代国际关系缓和期间，苏联档案有选择地向西方学者开放。历史学家们现在可以将两次世界大战期间的档案选编与原始文件进行对比，而且可以把他们的研究对象从外交部的材料拓展到陆军、海军和财政档案，以及诸如奥匈帝国部长联席会议和英国帝国防御委员会（British Committee of Imperial Defence）等协调机构的会议记录。他们还可以把注意力转向私人信件、日记及政党、商会、压力集团等非政府组织留下的档案。这些进展使调整外交政策研究方向、聚焦政策产生的社会背景并确定新的外交政策研究领域成为可能。

丰富的文献资源，再加上使用这些文献的史家的青睐，促成了有关大战起源研究的兴起。《凡尔赛和约》第231条的阴影成为影响两次世界大战之间欧洲国际关系的最重要因素。赔款问题不仅主导了德国政治，也主导了法国政治。1923年，普恩加莱命令法军进入鲁尔区（Ruhr），他的批评者们给他贴上了战争贩子的标签。在美国，人们试图证明卷入大战的双方都是邪恶的，是资本家的阴谋诡计把美国拖入了愚蠢的屠杀，这种情绪与孤立主义的回潮产生了共鸣 [17]。这些都为修正派提供了土壤，其中最具影响力的或许要属哈里·巴恩斯（Harry Barnes）和悉·布·费（Sidney B. Fay）[10; 13]。与他们持不同看法的是皮埃尔·勒努万（Pierre Renouvin）和伯纳多特·施米特（Bernadotte Schmitt），他们的研究虽然并未涉及《凡尔赛和约》,但却重申同盟国应该承担主要的战争责任 [21; 22]。

这些著作主要依靠公开出版的文件完成,在这一类文件中当首推《重大政策》,协约国档案资料的出版则较晚一些。路易吉·阿尔贝蒂尼的三卷本《1914年大战的起源》(*The Origins of the War of 1914*) [9],初版于第二次世界大战期间的意大利,被翻译成英文后名声大噪。以对所有档案选编、回忆录、采访记录等进行极其细致的研究为基础,该书成为重现七月危机的巅峰之作,其学术成就令后人难以企及。虽然作者在书中批判了所有的参战大国,并且强调了列强间的相互误解和各国文官对军事计划的不熟悉,但该书同时认为德国和施里芬-毛奇计划应对战争承担特别责任。20世纪50年代,研究进入停滞期,直至弗里茨·费舍尔的第一本著作在1961年问世,才开启了研究的新阶段。除重启有关德国责任的辩论外,费舍尔及其支持者们赶上了史料的第二次革命(例如,在东德的档案中出现了"九月提纲")。与阿尔贝蒂尼这些较早的学者倾向于研究整体的国际体系不同,以费舍尔为代表的年轻一代则强调对单个国家及外交政策的国内根源等问题进行研究。20世纪70年代和80年代,尽管很少有学者能像费舍尔研究得那么透彻,但是对这种方法(以及相似的,或至少宣称是使用这种方法的）的模仿随处可见，出现了有关其他国家国内因素影响的争论；另一方面，由于卡特和里根担任总统时期美苏关系再度紧张，因此美国政治学家和历史学家又一次显示出了对1914年之前国际体系的研究兴趣。与费舍尔对国内的关注不同，他们偏爱对战争计划、情报、军备等问题的比较研究和专题研究 [27; 47—53]。这类著作中研讨的根本问题是"一战"在多大程度上是一场意外，抑或在多大程度上由当时的国际体系引发，以及各国政府在多大程度上期盼一场战争。最后，与20世纪90年代不确定的时代背景相适应，学者们的研究重点似乎再次发生转移，转向诸如民族主义、经济一体化、权力政治的文化决定因素等主题 [39; 44; 57; 58; 60]。

费舍尔论战与第二次史料革命扩展了研究领域，著作大量涌现，想对这些著作进行综述十分困难。在现有综述类著作中，詹姆斯·乔尔（James Joll）的作品堪称典范，而约翰·兰登（John Langdon）对相关历史著作的分析也颇为到位 [15; 17]。对战争起源的认识有了巨大进展，对战争起源的分析也有了新的理论框架，那么，我们会得出什么样的结论呢？

从这场论战的最新走向看，1914年战争是否为偶然爆发及相关的战争责任问题已经明确 [50; ch.8; 53]。1951年，法国和德国的历史学家都认为，"一战"前没有哪国政府和人民有预谋地渴望战争来临,战争责任问题因此模糊不清。更确切地说,面对这场危机,政治家们有多种方案可供选择,并且排好了先后顺序。在这些备选方案中,如果不是必须得到大多数人的强烈支持,那毫无疑问包括各类战争。政策就是不同看法之间的相互妥协,因此我们必须对各个国家区分看待。对英、法而言,它们在危机的最后阶段才下定决心,它们需要抉择的是,要么看着自己的盟友被击败,要么就与将在战争中获胜的德国好好相处。两个答案都是否定的,从这个意义上讲,确实是英、法选择了战争。但是,英、法本来不希望面临这样的困境,在仍有可能挽回局势时,奥匈帝国、德国,某种程度上还有做出关键决定的俄国,共同把这种困境强加给了英、法。

新的研究成果表明,奥地利人决心对塞尔维亚动武,而且也明白与沙俄的战争在所难免 [65; 70–1]。决定站在塞尔维亚一边的萨佐诺夫和沙皇尼古拉二世,则希望避免与同盟国的冲突,但要是让他们退让,那他们宁可一战。最终,在确信他们的敌人拒绝让步从而导致杀戮不可避免后,沙俄发布了总动员令。德国仍然令人费解,部分原因在于其政策没有统一。毛奇希望打一场欧陆战争,而且认为,即使英国参战,德国也能不费吹灰之力地击败英国远征军。威廉二世希望并且预言奥匈帝国和塞尔维亚之间打的是一场局部战争。他半心半意地企图阻止危机的升级,但同时认为,如果俄国动员,那么他也不得不有所回应。尽管缺乏确凿的证据,但是对贝特曼·霍尔维格政策看起来最合理的解释仍然是,他是在进行"有计划的冒险"或者是双向赌博。他把问题抛给沙俄,让俄国人来决定是打一场局部战争还是将之扩大,即便他自己更倾向于局部战争并为之做了准备。费舍尔认为德国首相不希望而且也没有预见到英国会立即加入战争,这是对的。但是,他认为萨拉热窝事件只是德国发动一场蓄谋已久的针对法俄的战争的借口,这种认识未免有点离谱。当时,在德国军界的确存在着挑起一场大规模冲突的狂热情绪。对三国协约是战是和,奥匈帝国和德国握有主动权。但同盟国无疑负有主要责任。即便奥匈帝国有充足理由怀疑与它为敌的塞尔维亚和俄国合谋要摧毁它,而且当时在柏林看来协约国对自己构成了威胁,但要说协约国有意针对德国,那也是不确切的。

此外,在这场危机中疏漏和误判比比皆是。俄国人低估了其预动员造成的影响;贝特曼也没想到英国会介入。如果格雷早点警告德国,德国也压制住奥匈帝国,尤其同时法国又对俄国进行约束,那么危机或许就能和平解决。但是,一些人——或许是每个人——将不得不做出妥协,即使这次的赌注比在以往任何冲突中的都要大，且两大集团都正在一步一步逼近战争。但即使各国都做出了误判，重要的却是它们都已经做好了用无数生命来冒险的准备。学者们尝试从两个方面对列强好战的根源进行探索：一方面强调国内因素，另一方面强调国际因素。尽管为了清晰起见，还是需要对两个因素逐一进行考察，但是事实上，这两方面是相互关联的，没有必要把原因完全归结于其中的一个方面。

由于国内缺乏反对声音，发动战争的决定很容易就做出了。德国、法国和英国的领导人都希望获得公众的支持，即使像毛奇这样的军人，也承认战斗口号和全民团结一致的重要价值。与之前预料的相反，反对派几乎没有做任何抵抗就崩溃了，这部分是因为大多数左派领导人都不是坚定的反战主义者。在英国，丘吉尔和劳合·乔治1909年时都反对在无畏舰建造方面花费更多，但在阿加迪尔危机后，两人均同意不能让法国走向衰落。在1910年大选中，自由党的优势减弱，此后激进派失势，即便是日益强硬的工会也不愿支持反战的罢工行动。以上所有这些都对阿斯奎斯和格雷有利[77；87；90]。

欧洲大陆的反战运动表现得最为强烈。1889年，德国、法国、英国的代表创立了旨在协调世界社会主义运动政策和行动的第二国际，它似乎代表了未来的潮流。1900—1914年，第二国际分支机构的成员数量由240

万增加到410万。德国社会民主党和法国社会党是最大的社会主义政党,在第一次巴尔干战争期间都发起了维护和平运动,也都反对1913年的《陆军法案》(但德国社会民主党却支持征收为该法案实施提供财政保障的财产税)。社会主义者代表定期集会[最近一次是在1912年的巴塞尔(Basle)],第二国际秘书处也可以召集各党领导人召开社会党国际局会议(1914年7月28日至29日就在布鲁塞尔召开过这样一次会议)。但是欧洲城市中的和平示威运动在7月底结束,并被爱国主义游行所取代[97;143]。各交战国都出现了政治休战的局面(俄国和塞尔维亚除外),社会主义者投票支持战争信贷,有时还进入内阁。铁路和军工厂的罢工本可以阻止军事动员,也本该有人呼吁抵制动员,但实际情况是反对的声音无足轻重[30;32]。

如果成员党愿意,第二国际本可以成为一个有价值的协调机构,虽然它既无权指导也无权惩戒。而且,即使各党对于紧张局势的病因能够做出一致诊断,它们也开不出有效的药方。第二国际的官方立场,在1907年的斯图加特决议(Stuttgart Resolution)中得到了表述,即战争是资本主义的产物,只有消灭资本主义,才能消灭战争;如果战争在资本主义灭亡之前爆发,那就由各党自行决定该做什么。德国社会民主党就不能保证到时将进行罢工。德国工会运动是欧洲最强有力的工会运动之一，但矛盾的是，这也恰恰是问题所在。因为如果德国发生罢工，其备战损失也将最大。相反，在各成员党自行决定作为的情况下，战斗精神更强的法国工会最有可能有所行动。而在此种情形下，法国的备战损失却最小。

如果工人们真的没有祖国，那么以上问题可能无关紧要，但实际却并非如此。在德国社会民主党看来，俄国获胜对反动势力有利；法国社会党则认为，德国获胜对反动势力有利。德国社会民主党和法国社会党都准备支持以自卫名义进行的战争，而对双方而言，1914年的冲突似乎就是一场自卫战争。法国总工会对一切战争都是屠杀工人阶级的观点没有异议，但同时也认为自己与德国工会之间几乎没有共同之处。最终，由于各国和平解决了1911—1913年的众多危机，社会主义领导人也被蒙蔽，产生了虚假的安全感。7月28日—29日召开的社会党国际局会议没有做出任何决议，而是要等到8月12日在维也纳召开紧急会议时再做定夺。法国工会成员试探了他们的德国战友，得知他们无意开展行动。维也纳会议没能召开，到8月12日，社会主义内部的团结已不复存在 [30；31；32]。

强调欧洲各国政府有能力让左派边缘化，并非是为了证明它们参与战争是为了稳固国内政治现状 [29; 33]。稳固国内形势的需要确实能影响外交政策，但这种影响是更加隐微的。德国奉行"世界政策"并大规模建造海军，旨在为霍亨索伦王朝赢得荣誉 [105]。还有人认为，英国加入协约国阵营，部分是为国内资源寻求出路 [94]。这些或许可以使德国和英国产生激烈冲突，但却不一定导致战争。1914年时，沙俄算是典型的反革命国家了。萨佐诺夫劝说尼古拉二世坚决镇压暴乱，但萨佐诺夫所说的暴乱并非布尔什维主义，而是泛斯拉夫主义对巴尔干耻辱做出的强烈反应。1914年2月，前内政大臣彼得·杜尔诺沃（Peter Durnovo）提交了一份备忘录，预测战争会导致无政府状态，但这份备忘录没有引起沙皇的重视 [155; pp.77-83]。奥匈帝国统治者们担心民族主义（而非社会主义）会毁了帝国，他们宁可让帝国亡于外部入侵，也不能让帝国毁于内部叛乱。在法国，尽管有反抗传统，但没有证据表明七月危机期间这一因素对法国政府产生了影响。在英国，阿斯奎斯希望阻止内乱蔓延到爱尔兰，但并不期望参战能缓解工人阶级的不安情绪；而是恰恰相反。在德国也是一样的，尽管有人叫嚣通过战争来促进国内的团结，但贝特曼担心战争会颠覆王朝。[cf. p.12 above]

关于外交政策与国内政策的相互关系，列宁给出了另一种解释。他在1916年所写的《帝国主义是资本主义的最高阶段》(*Imperialism, the Highest Stage of Capitalism*)中指出,1900年后,资本主义进入了一个新的更具侵略性的阶段。在这一阶段,所有权被集中,银行获得了主导地位。商品市场的地位下降,同时对外投资的地位上升。资本主义国家"发展的不平衡性",或者说各国发展速度的参差不齐,破坏了当时的国际均势。世界大战就是一场帝国主义国家间重新划分势力范围的战争,它们不仅争夺不发达地区,连欧洲本身也成了它们争夺的对象 [38]。

列宁对帝国主义根源的解释是他整个分析中最具争议的部分。的确,一些国家的工业越来越被垄断企业所把持,而且在艾森豪威尔政府后期已经存在依靠出口和政府订单的"军事-工业复合体"式的军工企业。但很难证明商业利益能决定外交政策,尤其是商人这个群体内部本身也是派系林立。军工企业没有强大到只依靠它们自己的力量就足以引发陆军军备竞赛的程度,而且这样做也未必符合它们的利益。埃森(Essen)的克虏伯是欧洲最大的军火制造商,为增加战舰火炮和装甲产能进行了大规模投资,但随着德国转而优先发展陆军,克虏伯的利润大降。至于经济利益,战争的幽灵分别在1911年给柏林证券交易所、1914年给伦敦证券交易所造成了恐慌；而在萨拉热窝事件后，掌控哈布斯堡王朝大部分国防工业的奥地利信贷银行（Creditanstalt）的首脑，曾敦促政府与塞尔维亚和平解决争端，最终无功而返 [52]。费舍尔和汉斯·加茨克（Hans Gatzke）都已指出，一旦战争爆发，德国重工业协会将支持本行业企业的完全合并。然而，乔治-亨利·苏图（Georges-Henri Soutou）对协会领导人能否代表其成员表示质疑，且贝特曼更多的是受到了属于较温和一派的德国通用电气公司老板瓦尔特·拉特瑙（Walther Rathenau）的影响 [43；115；122]。

把商业影响放到一边，政府是否因为经济原因参战是一个更值得探讨的问题。例如，法国和德国都鼓励本国军工企业向巴尔干出售军火，而且在1914年前的相当一段时期内，法国在这方面还占据优势 [36；41]。在这种情况下，同盟国最担忧的是由此带来的俄国在这一地区日益增长的政治优势，而非它们在这一地区出口市场的损失。虽然1914年奥匈帝国对塞尔维亚的入侵和瓜分，毫无疑问是恶劣的帝国主义行径，但是其动机并非为赢得贸易和投资机会，这种动机也没有影响俄国的态度。如果我们跳出巴尔干来考察列强间关系的话，得出的结论基本相同。雷蒙·普瓦德万（Raymond Poidevin）曾表示，1911年后法德间的贸易和投资额均大幅度下降，但这是两国外交关系恶化的结果 [40]。虽然德国限制对俄国提供贷款,而法国资本却购买了大量俄国政府的债券并且大规模向俄国工业投资,但经济关系是否是维系法俄同盟的主要支柱仍值得怀疑。笔者认为,法俄同盟更重要的基础应该是两国都对德国怀有深深的不信任。因此在1909年后,即使俄国不再依赖法国资金,两国的政治和军事合作却依然得以加强。俄国财政部和交通部都怀疑1914年的铁路贷款是否于俄国有益,而总参谋部和外交部则认为出于战略考虑俄国需要这笔贷款 [98;153]。最终,当1914年来临之时,英德两国间的贸易战有所缓和,并且没有阻碍两国外交关系的改善。虽然保罗·肯尼迪认为经济因素是英德对抗的基本因素,但他在阐述时也认为问题不仅在于德国经济的快速增长,也在于德国令人担忧的行为以及它如何使用这些快速增长的力量去获得额外资源。我们应该注意的是,国民生产总值的排名仅仅是衡量一个国家未来发展潜力的指标,如果要评估一个国家的军事力量,那么现实的财政储备和立即可用的军事力量的规模与效用显然比生产潜力更重要。俄国1909年后的经济复苏引来众多评论,但真正让德国感到不安的还是俄国陆军的装备更新和动员速度的加快 [158—9]。

尽管列宁的分析并非天衣无缝,但他关于列强好战与扩张性的描述还是为解释大战爆发的原因提供了线索。而要理解列强为何如此，我们还需从国际与国内两方面考虑。英国作家G. 洛斯·迪金逊（G. Lowes Dickinson）将国际局势描述为"无政府状态"[20]，但事实上，没有哪一场重大冲突是突然爆发的，在此之前都会经历形势的逐步紧张。与迪金逊同时代的畅销书作家诺曼·安吉尔（Norman Angell）有一个观点——虽然这一观点有些过于乐观——被广泛引用，他认为经济的相互高度依存使战争成为无益和非理性的行为，这是制约战争的因素，至少在西欧是这样的[35]。况且列强已经建立了一个良好的"欧洲协调"机制以管控它们之间的冲突。但与后来的国际联盟和联合国不同，"欧洲协调"既没有常设机构，也没有缔约文件。它包含的是一种思维习惯（列强愿意集体寻求解决问题的方案）和一个应急传统（召开各国大使会议或各国政府首脑会议）。第一次世界大战前的十年里，列强为解决第一次摩洛哥危机（1906年在阿加迪尔）和第一次巴尔干战争（1912—1913年在伦敦），都召开过这种会议。

然而最近有研究者认为，到1914年，"欧洲协调"已经"衰落"或"崩溃"了[18; 161]。波斯尼亚危机期间及萨拉热窝事件发生后，奥匈帝国和德国都拒绝了召开会议的建议。1912—1913年，德国曾经试图通过这种方式与英国达成妥协。但到1914年，它转而高度重视联盟的团结。同盟国希望通过武力达成它们在巴尔干的目标，而不愿通过与三国协约进行谈判达成双方都能接受的妥协。由于发现自己在阿尔赫西拉斯会议上处于少数派，德国对开会解决国际争端已经不抱希望了。1913年，贝希托尔德得出结论，列强不会把它们的意志强加于塞尔维亚，而他必须采取单边行动[69]。但"欧洲协调"的崩溃是国际局势紧张的征兆，而非原因。只有在列强都希望它起作用时，"欧洲协调"才是一个有效的体面的机制，而一旦列强形成两大联盟对峙的局势，这个机制就不再发挥作用了。难道真的像德国外交部副大臣在1914年8月1日对英国大使所说的那样，一切都是"这种该死的联盟体系"的错误[4: no.510]？

从严格意义上讲，列强都不是被它们的同盟或协约义务拖入战争的。德国没有义务向奥匈帝国开出"空白支票"（意大利选择中立也证明，条约义务并没有要求它一定要加入奥匈帝国一方）；沙俄也没有事先给予塞尔维亚承诺。法国可以以俄国未与其协商就动员为由而拒绝履行联盟义务；英国内阁也坚持其有权自主决策。然而，对所有当事国来说，它们的行动还是围绕着外交联盟这个中心展开的。如果没有德国的首肯，奥匈帝国就不会对塞尔维亚发动进攻；而奥匈帝国则有可能担心，如果它不采取行动就会失去德国的支持。德国则把奥匈帝国看作唯一可以倚重的盟友，除非支持它的行动，否则连奥匈帝国也会离自己而去：在巴尔干打赢这场战争，就意味着可以在它们的敌人中间嵌入一个楔子。相反，法俄同盟关系在近期不断得到加强，法国宁愿一战也不会抛弃它的盟友，这使俄国敢于大胆行动。如果贝特曼企图打破三国协约，它们则决意更加团结。

而且在列强的作战计划中，联盟是理所当然的，正是施里芬-毛奇计划中规定的责任，推动德国如此迅速地将危机向西拓展。与之类似的是，为了尽快帮助法国，俄国不得不对德国快速采取行动，这促使它实行预动员，尽快做好战争准备。因此，联盟可以帮助我们理解为什么各国的作战计划都带有明显的进攻性。杰克·斯奈德（Jack Snyder）指出，至迟到1910年法国和俄国的作战计划都还立足于防御，但1914年俄国修订后的19号计划和法国的17号计划却都设想迅速侵入敌国领土。法国向盟友施压要求获得协助，这在俄国修订后的19号计划中得到了体现；17号计划体现了法国人日益增强的信心，他们相信力量的平衡正在改变，形势向着有利于法俄的方向发展。与此同时，因为预计英国会介入战争，毛奇也放弃了在东部率先发难的计划，并部分修改了德国在西部的计划。对荷兰的作战计划被取消，这样可以使荷兰成为一支中立的"气管"以避免德国贸易遭到英国封锁,但这一修改使得夺取列日要塞变得更为关键。事实很快就证明,所谓的进攻至上简直是悲剧性的误判,而且率先发起进攻并没有带来任何优势。德国和奥匈帝国都力图在"机会窗口"关闭前发动进攻,在危机期间,战争的苗头一旦出现,两大集团便竞相开始备战了 [50: chs 2—4; 51]。

联盟得到加强,战略部署更具进攻性,同时两大集团间的军备竞赛转移到了陆地。列强间军备竞赛向陆地转移的趋势开始于 1909—1912 年,加强于 1912—1914 年。德国 1913 年通过《陆军法案》,目的就是在奥匈帝国不得不分心对付塞尔维亚的情况下,维持德国对法国的陆军优势;通过《三年制兵役法案》和"伟大计划",法国和俄国的陆军实力也分别得到了增强,两国也互相表达了忠于联盟的决心。根据对情报评估的研究我们发现,当时两大集团都对彼此的军事能力有清醒的认识 [49],而且双方也都认为法俄一方正在占据优势。到 1914 年,两大集团间的军力比以前历次危机时都更加接近,而且双方现在都在认真考虑采取军事行动。可能正是从这个角度上讲,军备竞赛增加了发生战争的可能性。理论上讲,如果对立双方都看不到胜利的希望,力量均衡可以增强对双方的威慑。但是在 1914 年,双方都看到了获胜的希望,这部分是源自对进攻战略的信心,此外还因为力量均衡局面是短暂的、不稳定的。德奥担心如果不立即采取行动就会丧失获胜的机遇，这就让法俄面临比以往更大的风险。从这个角度讲，"势力均衡"对损害和平负有不可推卸的责任，应受相应的批判[52]。

这些新的迹象可以帮助我们理解，为什么发生在巴尔干的对抗与整体的紧张局势是一致的。我们不仅要考察国际体系中恒定的部分，而且应该关注国际体系的演进。只要列强不拿"欧洲协调"当回事，它就无法发挥作用，而两大集团已经存在了一代人的时间。对欧洲稳定破坏最严重的可能是持续的外交危机，尤其是在阿加迪尔危机之后。沙俄已经从在亚洲的失败中恢复元气，这使它有能力展开新一轮的军备建设；但是如果没有这些危机，那么沙俄不会如此引人注目和令人不安。形势一旦开始恶化，就势不可挡。国际紧张局势、大众的狂躁心态及被夸大的同盟国财政困境，都引发了军备竞赛，并进一步加剧了国际紧张局势。直到1910—1911年，列强之间的互不信任还没有那么严重，和平解决争端的努力还没有完全失败，各国军队都没有做好战争准备，鼓噪战争者也受到孤立而且影响甚微。但在那之后，每一次危机都使国际局势更加复杂，并引发了1914年的那场灾难。

只有日益恶化的国际局势（而非国内情况）才能解

释，为什么萨拉热窝危机比之前的任何一次危机都严重，并引发了战争。但是，国际局势的恶化与国内情况的发展相互交织，很难把两者完全区分开来。人们已经感受到了日益临近的大战气氛，各国议员和财政部长们都倾向于扩大征兵和国防开支。左派的和平主义遭到严重削弱，导致国内政治在1914年以不可思议的速度达成妥协。虽然七月危机并非针对社会党人的反革命战略，但它的确诠释了民族主义的力量。事实上，根据伯纳多特·施米特的观点，"民族主义"（他用这个词表示政治边界与族群边界的不一致）是第一次世界大战爆发的根本原因[23]。这一观点也值得商榷，因为如果不与当时紧张的国际局势相互作用，哈布斯堡王朝的民族问题不可能导致这样一场大规模冲突。而且更重要的是，其他列强也存在民族主义，例如俄国的泛斯拉夫主义，法国的"再觉醒运动"（*réveil*），以及像泛德意志联盟、德意志防御协会（*Deutsche Wehrverein*，创建于1912年，游说政府增强军备是其主要目的）这样的种族主义和军国主义压力集团。然而，尽管各自国内的泛斯拉夫主义和泛德意志主义都十分狂热，但萨佐诺夫和贝特曼仍保持警惕，并在1913年制止了塞尔维亚和奥匈帝国的行动。关键的问题不在于是否是极端民族主义将各国政府推向了战争——它们并没有——而是在于各国政府的行动在多大程度上选择与民族主义的步调一致。

作为问题的一部分，我们首先要对近年来引起社会科学学者广泛关注的"民族主义"做一界定。民族主义不仅意味着对一个国家的情感认同，而且还隐含着它所代表的政治行动纲领。法国的政治家宣称他们代表了自己的国家，而俄国、奥匈帝国（可能还有德国）的政治家则认为他们首先应该忠诚于自己的王朝。英国、德国和俄国，已经完成了领土统一并成为独立的民族国家。而法国，因为在普法战争中丧失了阿尔萨斯和洛林，导致领土不完整，但它参战确实不是为了收复这两个省。事实上，列强与其说是民族国家，不如说是帝国，这些帝国在欧洲及其他地区控制了许多附属民族。它们之间与其说是民族主义冲突，倒不如说是帝国主义斗争。

毫无疑问，"帝国主义"是一个更令人困惑和难以定义的概念 [42]。如果"帝国主义"仅适用于欧洲以外的争端，那么大战来临之时，局势看起来似乎没那么紧张。英国和德国可以围绕非洲和美索不达米亚问题进行谈判；法国和德国于 1914 年 2 月就小亚细亚势力范围问题达成了一致；至于波斯问题，沙俄和德国已在 1910—1911 年达成了谅解 [90; 100; 155]。然而，这种看法太过狭隘了。1914 年之前的缓和极为有限，这一点从英德在葡萄牙殖民地问题上一直无法达成协议就可以看得出来。英国人仍将德国海军视为对其全球地位的威胁，而俄国则感到德国正在挑战自己在土耳其海峡至关重要的利益。贝特曼从来没有放弃对殖民地的野心，即使德国被包围和俄国实力的增强成了他更加需要迫切关注的问题。此外，列宁认为欧洲及其他地区都存在帝国主义。如果说奥匈帝国与沙俄在巴尔干的野心可以和法德对摩洛哥的野心相等同的话，那么我们可以认为帝国主义是引起1914年以前众多危机的原因，我们已在前文强调了这些危机对国际秩序产生的损害。如费舍尔在其研究同盟国战争目标的著作中所言 [24; 115; 128]，一旦战争爆发，那些针对欧洲缓冲国、欧洲以外殖民地及海军基地的计划就迅速具体化了。

尽管帝国主义的暗流后来被证明是列强发动这场战争的目标，但是1914年7月两大集团的行为，更多的是因为不安全感和对对手扩张的恐惧，而非因为自身扩张的渴望。他们感到，不是国内革命（虽然这也起到了一定的作用），而是外国入侵，或至少说是丧失独立、威信和谈判权，对他们的威胁更大。最后，我们将目光投向列强决策层，探讨一下他们对这场战争的认识——战争将带来什么，以及它将是一场怎样的战争。一些人发动战争也是无奈之举。如果说以上讲到的国际局势的发展状况十分恰当地解释了大战爆发的进程，那么詹姆斯·乔尔所谓欧洲精英阶层的"不公开的假说"——本能的价值和优先权——则最好地诠释了他们发动战争的动机 [58]。事实上，这些假说已经在文献中留下了痕迹，但在当时它们被广泛接受，因而没有必要为其进行辩解。对它们进行更多研究很有必要。

乔尔指出了查尔斯·达尔文（Charles Darwin）和弗里德里希·尼采（Friedrich Nietzsche）的影响，二人都将斗争视作人类生存所无法避免的，甚至是值得追求的一种特质。例如康拉德就坚持认为战争是自然现象，不可避免；贝特曼则认为战争可能带来道德再生。多米尼克·利芬（Dominic Lieven）指出，沙俄上层与生俱来的民族荣誉感是理解沙俄对塞尔维亚承担义务的关键 [155]；阿夫纳·奥弗（Avner Offer）从更开阔的视野考察了这种荣誉观，将它与欧洲大陆领导人的决斗规范以及英国的商业与职业伦理联系起来 [59]。莫德里斯·埃克斯坦斯（Modris Eksteins）分析了侵略性与打破传统并存的德意志民族性，以及相比而言更加遵循传统和保守的英国民族性 [57]。以上都是很有价值的观点，但是在1914年的决策过程中，各国并不是简单地按照预先写好的剧本行事，有许多因素——尤其是战略平衡——还需要予以考虑。考虑到欧洲列强的领导人对历史悠久的王朝和大众命运所承担的责任，他们遵循的行事规则与普通民众是不一样的,其中居于首位的(以及在危机中常被提起的)是他们对于天赋大国地位的假设。考虑到他们的信条,兰斯洛特·法勒(Lancelot Farrar)分析认为,1914年的七月危机是一个"有限选择下"的事件 [112; cf. 50; ch.8]。他们对大国的理解就是扩张领土的国家,这使德国上层害怕看到俄国和法国在此过程中获得优势。奥匈帝国担心,如果它不在萨拉热窝事件中做点什么的话,它的地位将不可避免地遭到削弱;基于同样原因,俄国也不会任由奥匈帝国为所欲为 [11]。萨佐诺夫和雅戈一直认为,强硬将赢得尊敬,避免战争的最好方式是坚定的决心而非妥协。到1914年,奥匈帝国和沙俄都认为不能再妥协了,德国和法国也不再坚持让其盟友那样做。除了使用武力,列强还有别的选择,但是关于大国地位的假想已经先入为主,其他选择因此都被排除在外。

# 结 论

# 对第一次世界大战的认识

在炎热沉闷且大多数人都开窗睡觉的夏日夜晚,人们很容易觉察出铁路交通异乎寻常的繁忙。铁路干线两侧的居民……辗转反侧,难以入睡,或半夜三四点就被缓慢前行的火车所发出的隆隆声惊醒。从26日或27日开始,整个夜晚一直持续着这种噪音……

秘密的夜间铁路运输行动可能仅仅是预防措施。但是,8月1日至2日(周六和周日)晚上的巴黎街景则明确表明,由和平走向战争已经不可逆转。阿纳托尔·法朗士……很惊讶地看到圣母得胜圣殿(Notre-Dame-des-Victoires)的门在午夜中敞开,里面燃烧着成百上千支蜡烛,还有告解室外年轻人排队的模糊身影。当他到达位于时钟码头(Quai de l'Horloge)和温莎大道(Boulevard du Palais)拐角处的大钟时,时间为凌晨1:40。街道似乎在持续低沉的噪音中微微颤抖:成百上千名士兵前进的脚步声……(士兵的来复枪上没有鲜花),没有唱爱国歌曲,只有平稳的脚步声,好像是以团为单位的士兵正在向北方的巴黎东站和巴黎北站前进。沉重的脚步声和马蹄的嗒嗒声不时传来,全副武装的士兵低着头，不时地给载有重物的货车、马车、轮式火炮和年轻士兵疾驶的民用车让路。这种噪音充斥着整个夜晚，星期一一整天和接下来的每个夜晚……战争来到了巴黎和法国。[12: pp.136—8]

对引言中所提问题的简短回答是，巴尔干半岛事件之所以演变成为世界大战，仅仅是因为它们正好与超级大国之间关系的普遍性危机重合。然而，这并不意味着如果没有萨拉热窝事件，其他事件也必然会葬送和平：此前列强间的关系已经十分紧张（比如19世纪80年代后期），但是后来却也能在没有发生战争的情况下得到解决，之后的美苏冷战也提供了一个类似范例。所有巴尔干事件的参与者及当时的国际局势，都对世界大战的发生有着不可推卸的责任。

必须牢记，领导层中也没有人预测到1914—1918年的战争会变成一场灾难，这点至关重要。有人对此提出异议，认为这样会减少他们的负罪感，因为所有的欧洲领导人都不是和平主义者，他们宁愿牺牲本国国民的生命和幸福来换取他们所认为的根本利益。同时，恩格斯和饶勒斯等社会主义者，以及杜尔诺沃这样的保守派，都预见到这场令人绝望的战争会引发混乱。扬·戈特利布·布洛赫 [Jean de Bloch, 俄语名为伊万·布洛赫

（Ivan Bloch）]在《未来的战争》(*La Guerre Future*)一书中精确预测了这场战争的特点[45]。作者预言，这场战争是一场旷日持久的大屠杀，防御方的力量比攻击方强大得多。本书在当时就受到了广泛好评。最近的研究则质疑总参谋部是否期望通过一次战役就能获胜[121]。迈克尔·霍华德（Michael Howard）就认为，欧洲军队对日俄战争的认识远比对普法战争的认识深刻；通过日俄战争，他们看到了战壕、带刺铁丝网、机关枪，以及巨大的人员伤亡。然而，他们得出的结论却是，对敌人发动进攻依然是首选，只有下定决心才能取得胜利，尽管付出的代价要远大于利益[50:ch.1]。大多数1914年以前的未来主义文学作品都把这场战争视为短期战争[56]，并且战争爆发之初的政治休战也是建立在很快一切就会恢复正常的预想之上的[97]。我们的看法与之前的观点相比更为符合实际，但兰斯洛特·法勒声称的所谓"短期战争的幻觉"这一说法，在当时的战争双方中都很流行，并且被认为是正确的[111]。

战争没有在1914年的圣诞节前结束，这就使1914年成为一个具有特殊历史意义的年份。战争导致800万人死亡和数倍于这个数字的人伤残，还有世界范围内的经济混乱。20世纪20年代的恶性通货膨胀与30年代的经济大萧条，都或多或少与这场战争直接相关。如果没有第一次世界大战，布尔什维克不可能在俄国掌权，意大利和德国的右翼分子也不可能上台。这就是说，第一次世界大战后的国际局势走向及第二次世界大战，都与第一次世界大战密不可分。如果第一次世界大战在6个月内结束的话，它仍会具有划时代的影响，但大概不会是以上这些。

"一战"为何能持续如此之久，即便是在它发展成之前完全没有预想到的局势之后，对这一问题的研究要远远少于对"一战"爆发原因所进行的研究。这两个问题的答案之间有一定的联系。从1914年秋天到1917年，存在着一个三重僵局。军事上，双方都无力取得决定性的胜利；政治上，1914年形成的国内休战牢不可破；外交上，试图协商解决的努力以失败告终。不管是军事胜利，还是革命，抑或是妥协，都无法结束这场杀戮。大国之间关系的破裂，不仅因为战争爆发后各自相反的战争目标，也是因为他们在战前就存在的基本矛盾：德国想打破三国协约，三国协约则决意团结一致[24]。各国国内政治上的休战之所以牢不可破，部分是因为此前的七月危机使得双方都认为战争是防御性的。军事上的僵局不仅仅是技术层面的，它也恰恰反映了双方（同盟国和协约国）之间的资源和力量的大致对等。确实，两大集团力量的对等也增强了1914年时的危险性，它使得战争一旦开始，就会演变成一场旷日持久的拉锯战。埃里克·霍布斯鲍姆（Eric Hobsbawm）教授在《极端的年代》（*Age of Extremes*）一书中说道，只有冷战结束之时，我们才能最终把"一战"的结果抛到身后。然而，当我们已经身处冷战之后的世界时，人们对待"一战"的兴趣却丝毫没有减少，"一战"究竟因何而起，这个谜团依然萦绕在我们心头。

# 参考文献

参考文献包含了本书中引用的主要书目。相比回忆录和档案文献而言，这里更重视二手著作。其中包括一些法语和德语的书名，但如有英文翻译版，会优先呈现英文版书名。第一部分列出的是与总体研究、比较研究和按论题分组的主题研究相关的文献。第二部分则按照国别进行划分。

## 期刊名缩写

CEH  *Central European History*  《中欧历史》

EHQ  *European History Quarterly*  《欧洲历史季刊》

GWU  *Geschichte in Wissenschaft und Unterricht*  《科学和课程上的历史》

JCH  *Journal of Contemporary History*  《当代史杂志》

JMH  *Journal of Modern History*  《近代史杂志》

JSS  *Journal of Strategic Studies*  《战略研究杂志》

H  *History*  《历史》

HJ  *The Historical Journal*  《历史杂志》

*HZ*　　*Historische Zeitschrift*　《历史学杂志》
*MGM*　*Militärgeschichtliche Mitteilungen*　《军事史通讯》
*P & P*　*Past and Present*　《过去和现在》

## 1. 总体研究

### (i) 档案文献

[1]　L. Bittner and H. Übersberger (eds), *Österreich-Ungarns Aussenpolitik von der BosnischenKrise 1908 bis zum Kriegsausbruch 1914*, 9 vols (Vienna, 1930).

[2]　Commission de publication des documents relatifs aux origines de la guerre de 1914, *Documents diplomatiques français, 1871—1914*, 41 vols (Paris, 1929—59).

[3]　I. Geiss (ed.), *July 1914: The Outbreak of the First World War. Selected Documents* (New York, 1967). 价值极高的单卷本档案选编，由德文版缩减而成。

[4]　G. P. Gooch and H. V. Temperley (eds), *British Documents on the Origins of the War, 1898—1914*, 11 vols (London, 1926—38).

[5]　O. Hoetzsch (ed.), *Die Internationalen Beziehungen im Zeitalter des Imperialismus: Dokumente aus den Archiven der Zarischen und der Provisorischen Regierung, 1878—1917*, Series I, vol. V (German edn, Berlin, 1934).

[6]　*I Documenti Diplomatici Italiani,* 4th series, vol. XII (Rome, 1964).

[7]　J. Lepsius *et al.*(eds), *Die Grosse Politik der europäischen Kabinette, 1871—1914*, 40 vols (Berlin, 1922—7).

[8] M. Montgelas and W. Schücking (eds), *Outbreak of the World War: German Documents Collected by Karl Kautsky* (New York, 1924).

### (ii) 概论和阐释

[9] L. Albertini, *The Origins of the War of 1914,* 3 vols (London, 1952—7). 最详尽的论述，并且已经得到时间的检验。

[10] H. E. Barnes, *The Genesis of the War: An Introduction to the Problem of War Guilt* (New York, 1926). 与 [13] 都是最具影响力的修正派著作。

[11] F. R. Bridge, *1914: The Coming of the First World War,* 2nd edn (London, 1988). 令人信服的简要评估。

[12] R. J. Evans and H. Pogge von Strandmann (eds), *The Coming of the First World War* (Oxford, 1988). 一组高质量的文章。

[13] S. B. Fay, *The Origins of the World War,* rev. edn, 2 vols (New York, 1930).

[14] E. J. Hobsbawm, *Age of Extremes: The Short Twentieth Century, 1914—91* (London, 1994).

[15] J. Joll, *The Origins of the First World War,* 1st and 2nd edns (Harlow, 1984, 1994). 最佳的简要综述。

[16] H. W. Koch (ed.), *The Origins of the First World War: Great-Power Rivalry and German War Aims,* 1st and 2nd edns (London and Basingstoke, 1972 and 1984). 翻译了几篇与费舍尔论战有关的文章。

[17] J. W. Langdon, *July 1914: The Long Debate, 1918—1990* (Providence, RI and Oxford, 1991). 卓越的史学史概论。

[18] R. T. B. Langhorne, *The Collapse of the Concert of Europe:*

*International Politics, 1890—1914* (London and Basingstoke, 1981).

[19] D. E. Lee (ed.), *The Outbreak of the First World War: Who was Responsible?*, rev. edn (Boston, Mass., 1966).

[20] Lowes Dickinson, G., *The International Anarchy: Europe, 1904—1914* (London, 1926).

[21] P. E. G. Renouvin, *The Immediate Origins of the War* (New York, 1927).

[22] B. E. Schmitt, *The Coming of the War, 1914,* 2 vols (New York, 1930). 和 [21] 都是最早对修正派发动反攻的主要代表。

[23] B. E. Schmitt, *The Origins of the First World War* (London, 1958).

[24] D. Stevenson, *The First World War and International Politics* (Oxford,1988).

[25] A. J. P. Taylor, *The Struggle for Mastery in Europe, 1848—1914* (Oxford, 1954).

[26] A. J. P. Taylor, *War by Timetable: How the First World War Began* (London, 1969). 就题目中的问题进行争论。

[27] L. C. F. Turner, *Origins of the First World War* (London, 1970). 从战略角度做了很好的论述。

[28] K. M. Wilson (ed.), *Decisions for War, 1914* (London, 1995). 有价值的更新。

(iii) 社会主义和国内政治影响（另见国别研究书目）

[29] M. R. Gordon, 'Domestic Conflict and the Origins of the First World War: The British and the German Cases', *JMH,* 46 (1974), pp.191—226.

[30]　G. Haupt, *Socialism and the Great War: The Collapse of the Second International* (Oxford, 1972).

[31]　J. Howorth, 'French Workers and German Workers: The Impossibility of Internationalism, 1900—1914', *EHQ,* 15 (1985), pp.71—97. 关注工团主义者而非社会主义者。

[32]　J. Joll, *The Second International, 1889—1914,* new edn (London, 1974).

[33]　A. J. Mayer, 'Domestic Causes of the First World War', in L. Krieger and F. Stern (eds), *The Responsibility of Power: Historical Essays in Honour of Hajo Holborn* (New York, 1967), pp.286—300.

[34]　A. J. Mayer, *The Persistence of the Old Regime: Europe to the Great War* (London, 1981).

(iv) 国际经济和帝国主义

[35]　N. Angell, *The Great Illusion: A Study of the Relation of Military Power to Political Advantage* (London, 1909).

[36]　H. Feis, *Europe–The World's Banker, 1870—1914* (repr., New York, 1964). 国际金融研究的先驱之作。

[37]　E. J. Hobsbawm, *The Age of Empire, 1875—1914* (London, 1987). 精妙的马克思主义分析。

[38]　V. I. Lenin, *Imperialism, the Highest Stage of Capitalism: A Popular Outline* (repr., Beijing, 1975).

[39]　A. Offer, *The First World War: An Agrarian Interpretation* (Oxford, 1989). 发起对英国、德国依赖海外贸易的重新评估和讨论。

[40]　R. Poidevin, *Les relations économiques et financières entre la France et l'Allemagne de 1898 à 1914* (Paris, 1969).

[41]　R. Poidevin, 'Fabricants d'armes et relations internationales au début du xxe siècle', *Relations internationales*, 1 (1974), pp.39—56.

[42]　A. Porter, *European Imperialism, 1860—1914* (Basingstoke, 1994).

[43]　G.-H. Soutou, *L'Or et Ie sang: les buts de guerre économiques de la Première Guerre mondiale* (Paris, 1989).

[44]　C. Strikwerda, 'The Troubled Origins of European Economic Integration: International Iron and Steel and Labor Migration in the Era of World War I', *American Historical Review*, 98 (1993), 1106—41.

(v) 军备、军国主义和战略

[45]　J. de Bloch, *The Future of War in its Technical, Economic and Political Relations* (Boston, Mass., 1899).

[46]　A. Bucholz, *Moltke, Schlieffen, and Prussian War Planning* (New York, 1991). 引人入胜的分析。

[47]　P. M. Kennedy (ed.), *The War Plans of the Great Powers, 1880—1914* (London, 1979). 一系列有益的文章。

[48]　J. S. Levy, T. J. Christensen and M. Trachtenberg, 'Mobilization and Inadvertence in the July Crisis', *International Security*, 16 (1991), pp.189—203.

[49]　E. R. May (ed.), *Knowing One's Enemies: Intelligence Assessment before the World Wars* (Princeton, N.J., 1984). 引人入胜的材料。

[50]　S. E. Miller (ed.), *Military Strategy and the Origins of the First World War*, rev. edn (Princeton, NJ., 1991). 所选文章原载《国际安全》(*International Security*) 杂志，多数出自政治学家

之手。

[51] J. Snyder, *The Ideology of the Offensive: Military Decision-Making and the Disasters of 1914* (Ithaca, N.Y., 1984).

[52] D. Stevenson, *Armaments and the Coming of War: Europe, 1904—1914* (Oxford, 1996). 军备与外交方面的互动。

[53] M. Trachtenberg, 'The Coming of the First World War: A Reassessment', in his *History and Strategy* (Princeton, NJ., 1991), pp.47—99. 批判"因疏忽造成"战争('inadvertent' war)的观念。

[54] L. C. F. Turner, 'The Role of the General Staffs in July 1914', *Australian Journal of Politics and History*, 11 (1965), pp.305—23. 淡化军事影响。

[55] S. R. Williamson, *The Politics of Grand Strategy: Britain and France Prepare for War, 1904—1914* (Cambridge, Mass., 1969). 有关协约国战争计划的权威著作。

### (vi) 文化因素：1914年的氛围

[56] I. F. Clarke, *Voices Prophesying War, 1763—1984* (London, 1966). 有关战争虚构的预想。

[57] M. Eksteins, *Rites of Spring: The Great War and the Birth of the Modern Age* (London, 1989). 最具想象力的文化史。

[58] J. Joll, '1914: The Unspoken Assumptions', in [16], 1st edn, pp.307—28. 指向新的研究领域。

[59] A. Offer, 'Going to War in 1914: A Matter of Honour?', *Politics & Society,* 23 (1995), pp.213—41. 在"不公开的假说"这一主题上做进一步研究。

[60] D. Pick, *War Machine: The Rationalisation of Slaughter in the*

*Modern Age* (New Haven, Conn., and London, 1993). 包括 1914 年之前的时期。

## 2. 各个国家

### (i) 奥匈帝国

[61] F. R. Bridge, *From Sadowa to Sarajevo: The Foreign Policy of Austria-Hungary, 1866—1914* (London, 1972). 附有珍贵的档案文献。

[62] F. R. Bridge, *The Habsburg Monarchy among the Great Powers, 1815—1918* (New York, Oxford, and Munich, 1990). [61] 的增补版本。

[63] F. Conrad von Hötzendorf, *Aus Meiner Dienstzeit, 1906—1918,* 5 vols (Vienna, 1921—5).

[64] K Hitchins, 'The Nationality Problem in Hungary: István Tisza and the Rumanian National Party, 1910—1914', *Journal of Modern History,* 15 (1981), pp.619—51.

[65] J. Leslie, 'The Antecedents of Austria-Hungary's War Aims: Policies and Policy-Making in Vienna and Budapest before and during 1914', *Wiener Beiträge zur Geschichte der Neuzeit,* 20 (1993), pp.307—94. 重要的新信息。

[66] G. E. Rothenberg, *The Army of Francis Joseph* (West Lafayette, Ind., 1976).

[67] N. Stone, 'Moltke-Conrad: Relations between the Austro-Hungarian and German General Staffs, 1909—1914', *HJ,* 9 (1966), pp.201—28.

[68] N. Stone, 'Hungary and the Crisis of July 1914', *JCH*, I (1966),

pp.153—70.

[69] S. R. Williamson, 'Vienna and July 1914: The Origins of the Great War Once More', in [70], pp.8—36. 很好的总结。

[70] S. R. Williamson and P. Pastor (eds), *Essays on World War I: Origins and Prisoners of War* (New York, 1983).

[71] S. R. Williamson, *Austria-Hungary and the Origins of the First World War* (Basingstoke, 1991). 和 [61] 都是最好的总体研究成果。

(ii) 英国和英德关系

[72] W. S. Churchill, *The World Crisis, 1911—1914* (London, 1923). 仍然是值得一读的经典。

[73] R. J. Crampton, *The Hollow Detente: Anglo-German Relations in the Balkans, 1911—1914* (London, 1980). 战前和解的限制。

[74] M. Ekstein, 'Sir Edward Grey and Imperial Germany in 1914', *JCH*, 6 (1971), pp.121—31. 认为格雷误读了柏林的形势。

[75] D. French, 'The Edwardian Crisis and the Origins of the First World War', *International History Review*, 4 (1982), pp.207—21. 质疑对外政策与国内骚乱之间的联系。

[76] A. Friedberg, *The Weary Titan: Britain and the Experience of Relative Decline, 1895—1905* (Princeton, N.J., 1988).

[77] B. B. Gilbert, 'Pacifist to Interventionist: David Lloyd George in 1911 and 1914. Was Belgium an Issue?', *HJ*, 28 (1985), pp.863—85. 劳合·乔治为何支持干预。

[78] J. Gooch, *The Plans of War: The General Staff and British Military Strategy, 1900—1916* (London, 1974).

[79] E. Grey, *Twenty-Five Years, 1892—1916*, 2 vols (London, 1925).

[80] C. Hazlehurst, *Politicians at War, July 1914 to May 1915: A Prologue to the Triumph of Lloyd George* (London, 1971). 分析内阁辩论。

[81] F. H. Hinsley (ed.), *British Foreign Policy under Sir Edward Grey* (Cambridge, 1977). 一系列涉及英国外交各个方面的文章。

[82] P. M. Kennedy, *The Rise of the Anglo-German Antagonism, 1860—1914* (London, 1980). 综合分析。

[83] R. T. B. Langhorne, 'The Naval Question in Anglo-German Relations, 1912—1914', *HJ,* 14 (1971), pp.359—70.

[84] R. T. B. Langhorne, 'Anglo-German Negotiations Concerning the Future of the Portuguese Colonies, 1911—1914', *HJ*, 16 (1973), 361—87.

[85] D. Lloyd George, *War Memoirs*, 6 vols (London, 1933—6).

[86] J. H. Maurer, 'Churchill's Naval Holiday: Arms Control and the Anglo-German Naval Race, 1912—1914', *JSS*, 15 (1992), pp. 102—27.

[87] A. J. A. Morris, *Radicalism against War, 1906—1914: The Advocacy of Peace and Retrenchment* (Totowa, N.J., 1972).

[88] A. J. A. Morris, *The Scaremongers: The Advocacy of War and Rearmament, 1896—1914* (London, 1984).

[89] K. G. Robbins, *Sir Edward Grey* (London, 1971).

[90] Z. S. Steiner, *Britain and the Origins of the First World War* (London and Basingstoke, 1977). 卓越的单卷本导言。

[91] S. J. Valone, '"There Must Be Some Misunderstanding": Sir Edward Grey's Diplomacy of August I, 1914', *Journal of British Studies*, 27 (1988), pp.405—24.

[92] K. M. Wilson, 'The British Cabinet's Decision for War, 2 August 1914', *British Journal of International Studies*, 1 (1975), 148—59. 强调国内政治的考量。

[93] K. M. Wilson, 'Imperial Interests in the British Decision for War, 1914: The Defence of India in Asia', *Review of International Studies*, 10 (1984), pp.189—203.

[94] K. M. Wilson, *The Policy of the Entente: Essays on the Determinants of British Foreign Policy, 1904—1914* (Cambridge,1985).

[95] T. Wilson, 'Britain's "Moral Commitment" to France in August 1914', *H*, 64 (1979), pp.80—90.

[96] H. F. Young, 'The Misunderstanding of August 1, 1914', *JMH*, 48 (1976), pp.644—65.

### (iii) 法国和法俄同盟

[97] J.-J. Becker, *1914: Comment les Français sont entrés dans la guerre* (Paris,1977). 有关公众舆论最好的研究成果。

[98] R. Girault, *Emprunts russes et investissements français en Russie, 1887—1914* (Paris, 1973). 法俄财政关系。

[99] M. B. Hayne, *The French Foreign Office and the Origins of the First World War, 1898—1914* (Oxford, 1993). 关于帕莱奥洛格的重要著作。

[100] J. F. V. Keiger, *France and the Origins of the First World War* (London and Basingstoke, 1983). 最好的导言。

[101] G. Krumeich, *Armaments and Politics in France on the Eve of the First World War: The Introduction of Three-Year Conscription, 1913—1914* (Leamington Spa, 1984). 对法国重整军备进行深入研究。

[102] R. N. L. Poincaré, *Au Service de la France: Neuf années de souvenirs*, 10 vols (Paris, 1926—33).

[103] D. W. Spring, 'Russia and the Franco-Russian Alliance, 1905—1914: Dependence or Interdependence?', *Slavonic and East European Review*, 66 (1988), pp.565—92. 重要的探讨。

[104] J. Stengers, '1914: the Safety of Cyphers and the Outbreak of the First World War', in C. M. Andrew and J. Noakes (eds), *Intelligence and International Relations, 1900—1945* (Exeter, 1987), pp.29—48.

(iv) 德国：费舍尔和他的批评者们

[105] V. R. Berghahn, *Germany and the Approach of War in 1914*, 2nd edn (Basingstoke, 1993). 最好的单卷本著作，含一篇有价值的导言。

[106] A. Blänsdorff, 'Der Weg der Riezler-Tagebücher. Zur Kontroverse über die Echtheit der Tagebücher Kurt Riezlers', *GWU*, 35 (1984), pp.651—84. 针对批评者为日记辩护。

[107] R. J. B. Bosworth, *Explaining Auschwitz and Hiroshima: History Writing and the Second World War, 1945—1990* (London, 1993). 尽管此书题目是关于第二次世界大战，但第三章与费舍尔高度相关。

[108] D. K. Buse, 'Party Leadership and Mechanisms of Unity: the Crisis of German Social Democracy Reconsidered, 1910—1914', *JMH*, 62 (1990), pp.477—502. 德国社会民主党的统一和激进化。

[109] K. D. Erdmann, 'Zur Beurteilung Bethmann Hollwegs', *GWU*, 15 (1964), pp.525—40. 第一次使用里茨勒日记。

[110] K. D. Erdmann, 'Zur Echtheit der Tagebücher Kurt Riezlers:

eine Antikritik', *HZ*, 136 (1983), pp.371—402. 对[140]的回应。

[111] L. L. Farrar, Jr, *The Short-War Illusion: German Policy, Strategy, and Domestic Affairs, August-December 1914* (Santa Barbara, Cal., 1973).

[112] L. L. Farrar, Jr, *Arrogance and Anxiety: The Ambivalence of German Power, 1848—1914* (Iowa City, 1981). 把1914年7月解释为"有限的选择"。

[113] N. Ferguson, 'Germany and the Origins of the First World War: New Perspectives', *HJ*, 35 (1992), pp.725—52. 概述最近的文献。

[114] N. Ferguson, 'Public Finance and National Security: the Domestic Origins of the First World War Revisited', *P&P*, 142 (1994), pp.141—68. 具有重要意义。

[115] F. Fischer, *Germany's Aims in the First World War* (London, 1967).

[116] F. Fischer, *World Power or Decline: The Controversy over Germany's Aims in the First World War* (London, 1975).

[117] F. Fischer, *War of Illusions: German Policies from 1911 to 1914* (London, 1975).

[118] F. Fischer, *Wir sind nicht hineingeschlittert. Das Staatsgeheimnis um die Riezler-Tagebücher. Eine Streitschrift* (Hamburg, 1983). 攻击里茨勒日记, 并对费舍尔的批评者们进行还击。

[119] F. Fischer, 'Twenty-Five Years Later: Looking Back at the "Fischer Controversy" and its Consequences', *CEH*, 21 (1988), pp.207—23. 一个有益的视角。

[120] S. Förster, *Der Doppelte Militarismus: die Deutsche Heeresrüstung zwischen Status-Quo-Sicherung und Aggression, 1890—1913* (Stuttgart, 1985). 主要涉及军备。

[121] S. Forster, 'Der deutsche Generalstab und die Illusion des kurzen

Krieges, 1871—1914. Metakritik eines Mythos', *MGM,* 54 (1995), no. I, pp.61—95. 对总参谋部是否希望一场短暂的战争进行质疑。

[122] H. W. Gatzke, *Germany's Drive to the West: A Study of Western War Aims during the First World War* (Baltimore, Md, 1950).

[123] D. Groh, 'The "Unpatriotic Socialists" and the State', *JCH,* 1 (1966), pp.151—77. 总结了一本关于德国社会民主党的重要专著。

[124] A. Hillgruber, 'RiezlersTheorie des Kalkulierten Risikos und Bethmann Hollwegs Politische Konzeptionen in der Julikrise, 1914', *HZ*, 202 (1966), pp.333—51. 用"计划风险"（calculated risk）解释贝特曼的政策。

[125] I. V. Hull, *The Entourage of Kaiser Wilhelm II, 1888—1918* (Cambridge, 1982).

[126] W. Jäger, *Historische Forschung und Politische Kultur in Deutschland: die Debatte 1914—1980 über den Ausbruch des Ersten Weltkrieges* (Göttingen, 1984). 书中涉及了费舍尔论战。

[127] K. F. Jarausch, 'The Illusion of Limited War: Bethmann Hollweg's Calculated Risk in July 1914', *CEH*, 2 (1969), pp.48—76. 对"计划风险"论述最好的英文著作。

[128] K. H. Jarausch, *The Enigmatic Chancellor: Bethmann Hollweg and the Hubris of Imperial Germany* (New Haven, Conn., 1973).

[129] D. E. Kaiser, 'Germany and the Origins of the First World War', *JMH,* 55 (1983), pp.442—74. 批判"内政优先"一派。

[130] W. J. Mommsen, 'Domestic Factors in German Policy before 1914', *CEH,* 6 (1973), pp.3—43.

[131] W. J. Mommsen, 'The Topos of Inevitable War in Germany in the Decade before 1914', in V. R. Berghahn and M. Kitchen (eds), *Germany in the Age of Total War* (London, 1981).

[132] J. A. Moses, *The Politics of Illusion: The Fischer Controversy in German Historiography* (London, 1975).

[133] K. Riezler, *Tagebücher, Aufsätze, Dokumente*, ed. K. D. Erdmann (Göttingen, 1972). 详见 [106], [110], [118], [140]。

[134] G. A. Ritter, *The Schlieffen Plan: Critique of a Myth* (London, 1958). 含关键性的军事档案文献。

[135] G. A. Ritter, 'Eine neue Kriegsschuldthese? Zu Fritz Fischers Buch "Griff nach der Weltmacht"', *HZ*, 194 (1962), pp.646—68.

[136] G. A. Ritter, *The Sword and the Scepter: The Problem of Militarism in German History*, vol. II (Coral Gables, Fla., 1970).

[137] J. C. G. Röhl, 'Admiral von Müller and the Approach of War, 1911—1914', *HJ*, 12 (1969), pp.651—73. 对"战争委员会"重要。

[138] J. C. G. Röhl, 'An der Schwelle zum Weltkrieg: eine Dokumentation über den Kriegsrat vom 8. Dezember 1912', *MCM* (1977), 77—134. 全是"战争委员会"文献。

[139] G. Schöllgen, *Escape into War? The Foreign Policy of Imperial Germany* (Oxford, New York, and Munich, 1990). 费舍尔和其他人的重述。

[140] B. Sösemann, 'Die Tagebücher Kurt Riezlers: Untersuchungen zu ihrer Echtheit und Edition', *HZ*, 236 (1983), pp.327—69. 对里茨勒日记可靠性造成负面影响的批评。

[141] U. Trumpener, 'War Premeditated? German Intelligence Operations in July 1914', *CEH*, 9 (1976), pp.58—85. 包括重要的新证据。

- [142] V. Ullrich, 'Das deutsche Kalkül in der Julikrise 1914 und die Frage der englischen Neutralität', *CWU,* 34 (1983), pp.79—97. 德国对英国保持中立可能性的评估。

- [143] V. Ullrich, *Kriegsalltag: Hamburg im Ersten Weltkrieg* (Cologne, 1982). 一个德国城市的经历。

- [144] H.-U. Wehler, *The German Empire, 1871—1918* (Leamington Spa, 1985). 对国内因素优先的强调。

### (v) 意大利

- [145] R. J. B. Bosworth, *Italy and the Approach of the First World War* (London, 1983). 最好的导言。

- [146] J. Gooch, *Army, State, and Society in Italy, 1870—1915* (Basingstoke, 1989).

- [147] C. J. Lowe and F. Marzari, *Italian Foreign Policy, 1870—1940* (London, 1975).

- [148] M. Palumbo, 'German-Italian Military Relations on the Eve of World War I', *CEH,* 12 (1979), pp.343—71.

### (vi) 奥斯曼帝国

- [149] M. Kent (ed.), *The Great Powers and the End of the Ottoman Empire* (London, 1984). 最好的概论。

- [150] R. J. Kerner, 'The Mission of Liman von Sanders', *Slavonic Review,* 6 (1927), pp.12—27, 344—63, 543—60, and 7 (1982), pp.90—112.

### (vii) 俄国

- [151] W. C. Fuller, *Strategy and Power in Russia, 1600—1914* (New

York, 1992). 对了解 1910 年俄国军队重组有帮助。

[152]   P. W. Gatrell, *Government, Industry, and Rearmament in Russia, 1900—1914: The Last Argument of Tsarism* (Cambridge, 1994). 有关军事建设的优秀著作。

[153]   D. Geyer, *Russian Imperialism: The Interaction of Domestic and Foreign Policy, 1860—1914* (Leamington Spa, 1987). 关于沙俄政策根源的很有意义的著作。

[154]   B. Jelavich, *Russia's Balkan Entanglements, 1806—1914* (Cambridge, 1991). 分析沙俄对塞尔维亚的承诺。

[155]   D. C. B. Lieven, *Russia and the Origins of the First World War* (Basingstoke, 1983). 深入的导言。

[156]   D. C. B. Lieven, *Nicholas II: Emperor of all the Russias* (London, 1993).

[157]   H. Rogger, 'Russia in 1914', *JCH*, 1/4 (1966), pp.95—119.

[158]   R. Ropponen, *Die Kraft Russlands: Wie Beurteilte die Politische und die Militärische Führung der Europäischen Grossmächte in der Zeit von 1905 bis 1914 die Kraft Russlands?* (Helsinki, 1968). 其他国家如何评估沙俄。

[159]   W. C. Wohlforth, 'The Perception of Power: Russia in the Pre-1914 Balance', *World Politics*, 39 (1987), pp.353—81. 概述[158]。

### (viii) 塞尔维亚、巴尔干和萨拉热窝

[160]   M. S. Anderson, *The Eastern Question, 1774—1923: A Study in International Relations* (London and Basingstoke, 1966). 提供背景。

[161]   R. J. Crampton, 'The Decline of the Concert of Europe in the

Balkans, 1913—1914', *Slavonic and East European Review,* 52 (1974), pp.393—419. 关于欧洲协调的重要著作。

[162] V. Dedijer, *The Road to Sarajevo* (New York, 1966). 权威著作。

[163] D. Mackenzie, *Apis: The Congenial Conspirator – The Life of Colonel Dragutin T. Dimitrijević* (New York, 1989).

[164] N. Malcolm. *Bosnia: A Short History* (London and Basingstoke, 1994). 可读性强的导言。

[165] J. Remak, *Sarajevo: The Story of a Political Murder* (London, 1959).

# 索 引

（索引页码为原书页码，即本书的边码）

accident, war by　意外导致的战争：42—43

Adriatic　亚得里亚海的：5, 11

Africa　非洲：10, 11, 31, 36, 52

Agadir, *see* Moroccan Crisis, Second　阿加迪尔，见"第二次摩洛哥危机"词条

Albania　阿尔巴尼亚：xi, 5, 6, 21, 32

Albert (King of Belgium)　阿尔贝（比利时国王）：34

Albertini, Luigi　路易吉·阿尔贝蒂尼：29, 41

Algeciras Conference　阿尔赫西拉斯会议：xi, 48

Alliances　同盟：49, 50；*see also* ententes 亦见"协约"词条

    Austro-German　奥-德的：x, 19, 26, 32, 48, 49

    Franco-Russian　法-俄的：x, 2, 25, 26, 32, 49

    Triple (Austria-Hungary, Germany, Italy)　三国同盟（奥匈帝国、德国、意大利）：2, 19, 26, 32, 48, 49

    Triple (British trade unions)　"三方联盟"（英国工会）：38

Alsace-Lorraine 阿尔萨斯-洛林: x, 26, 52

Angell, Norman 诺曼·安吉尔: 48

Archives 档案: 16

Ardennes 阿登高地: 34, 39, 40

Armies 陆军: 14, 22, 51; *see also* army bills; concentration; General Staffs; mobilization; war plans 亦见"陆军法案""集结""总参谋部""动员""作战计划"词条

    Austro-Hungarian 奥匈帝国的: 4, 15

    British, *see* British Expeditionary Force 英国的, 见"英国远征军"词条

    French 法国的: 14, 15, 16, 24, 25, 26

    German 德国的: 9, 10, 14, 15, 16, 36

    Russian 俄国的: xi, 14, 48

    Serbian 塞尔维亚的: 3

arms race 军备竞赛: 5, 13, 14, 15, 16, 22, 36, 41, 46, 50, 51

arms sales 出售军火: 5, 47

army bills 陆军法案

    Austro-Hungarian 奥匈帝国的: xi, 14

    Belgian 比利时的: 15

    British 英国的: 33

    French 法国的: 15, 33, 44, 50

    German 德国的: xi, 11, 15, 16, 44, 50

    Russian 俄国的: xii, 15, 50

Asia 亚洲: 14, 20, 35, 51, 52

Asquith, Herbert Henry 赫伯特·亨利·阿斯奎斯: 33, 34, 37,

38, 44, 46

Ausgleich (1867)　妥协 (1867)：4

Austria-Hungary　奥匈帝国：x, xi, xii, 2, 7, 8, 9, 11, 13, 15, 18, 19, 20, 23, 24—30, 32, 37, 42—52, 54

balance of power　势力均衡：37, 50, 53

Balkans, *see also* Austria-Hungary, Bosnia-Herzegovina, Bulgaria, Romania, Montenegro, Ottoman Empire, Russia, Serbia, South Slavs　巴尔干地区，亦见"奥匈帝国""波斯尼亚-黑塞哥维那""保加利亚""罗马尼亚""门的内哥罗""奥斯曼帝国""俄国""塞尔维亚""南斯拉夫"词条

    Balkan League (1912)　巴尔干同盟 (1912)：xi, 5, 16, 21

    Balkan Wars (1912—1913)　巴尔干战争 (1912—1913)：xi, 3, 5, 11, 14, 15, 16, 22, 44, 48

Baltic　波罗的海的：10, 16, 18

Barnes, Harry　哈里·巴恩斯：41

Basle　巴塞尔：44

Bavaria　巴伐利亚：13

Becker, Jean-Jacques　让-雅克·贝克尔：25

Belfast　贝尔法斯特：33

Belgium　比利时：xii, 9, 10, 15, 27, 29, 31, 32, 33, 34

Belgrade　贝尔格莱德：xii, 3, 23, 28

Berchtold, Count Leopold　利奥波德·贝希托尔德伯爵：6, 48

Berlin, Treaty of (1878)　《柏林条约》(1878)：x

Bethmann Hollweg, Theobald von　特奥巴登·冯·贝特曼·霍尔

维格: xi, xii, 8, 10, 11, 13, 14, 16, 18, 23, 29, 30, 31, 37, 42, 43, 46, 47, 49, 51, 52, 53

Bismarck, Otto von 奥托·冯·俾斯麦: x, 12

Black Hand 黑手会: 3, 4

'blank cheque' "空白支票": xii, 4, 6, 8, 17, 18, 19, 24, 28, 29, 49

Bloch, Ivan 伊万·布洛赫: 56

Boers 布尔人: 36

Bolsheviks 布尔什维克: 39, 45, 57

Bosnia-Herzegovina 波斯尼亚-黑塞哥维那: xi, 2, 3, 4

    Bosnia Crisis (1908—1909) 波斯尼亚危机 (1908—1909): xi, 4, 5, 13, 16, 21, 24, 48

Britain 英国: x, xi, xii, 2, 5, 8—11, 13, 18, 24, 27—38, 42, 43, 45, 46, 49, 50, 52, 55

British Expeditionary Force (BEF) 英国远征军: 33, 37, 38, 42

Bucharest, Treaty of (1913) 《布加勒斯特条约》(1913): xi

Bulgaria 保加利亚: xi, 6

Bülow 比洛: xi

business interests 商业利益: 44, 46, 47; *see also* arms sales; capitalism; economic explanations of war origins 亦见"出售军火""资本主义""战争起源的经济解释"词条

calculated risk 计划风险: 65

Cambon, Paul 保罗·康邦: xi, 33, 35

Capitalism 资本主义: 44, 46

Carnet B  潜在破坏者名单：26, 46

CGT  法国总工会：26, 45

Channel, English  英吉利海峡：33

Churchill, Winston  温斯顿·丘吉尔：34, 36, 37, 38, 39, 43, 44

coloured books  彩皮书：39

commercial relations  商业关系：41, 46, 47, 48

  Austro-Hungarian  奥匈帝国的：5

  British  英国的：35, 36, 37, 47

  French  法国的：47

  German  德国的：10, 22, 31, 35, 36, 37, 47

  Russian  俄国的：21, 22

  Serbian  塞尔维亚的：5

Concentration  集结：22

Concert of Europe  欧洲协调：48, 49, 50

Conrad von Hötzendorf, Franz  弗朗茨·康拉德·冯·赫岑多夫：5, 6, 7, 8, 30, 39, 53

Creditanstalt  信贷银行：46

Croatia, Croats  克罗地亚，克罗地亚人：3, 4

cultural explanations of war origins  战争起源的文化解释：41, 53; *see also* honour; nationalism; unspoken assumptions 亦见"荣誉""民族主义""不公开的假说"词条

Czechs  捷克人：4


Dardanelles, *see* Straits, Turkish  达达尼尔海峡，见"土耳其海峡"词条

Darwin, Charles 查尔斯·达尔文：53

Deutsche Wehrverein 德意志防御协会：51

Dickinson, G. Lowes G. 洛斯·迪金逊：48

Dimitrijević, Colonel ('Apis') 迪米特里耶维奇上校（亦称阿皮斯）：3

documents, diplomatic 外交档案：39, 40, 41

Dreadnought, HMS 英国皇家海军"无畏"号战列舰：xi, 13

    dreadnought battleships 无畏级战列舰：13, 14, 36, 44

Dublin 都柏林：33

Durnovo, Peter 彼得·杜尔诺沃：45, 56

Eastern Question 东方问题：x, 20

economic explanations of war origins, see arms sales; capitalism; commercial relations; financial relations; imperialism; Lenin 战争起源的经济解释，见"出售军火""资本主义""商业关系""财政关系""帝国主义""列宁"词条

Eksteins, Modris 莫德里斯·埃克斯坦斯：53

Encirclement 包围：13, 52

Engels, Friedrich 弗里德里希·恩格斯：45, 56

Ententes 协约

    Anglo-French 英-法的：xi, 13, 32, 35, 45

    Anglo-Russian 英-俄的：13, 32, 35, 45

    Triple 三国协约：2, 5, 11, 12, 16, 18, 19, 20, 26, 30, 43, 48, 49, 57

Essen 埃森：46

Falkenhayn, Erich von　埃里希·冯·法尔肯海恩：30

Farrar, Lancelot　兰斯洛特·法勒：53, 57

Fashoda Crisis　法绍达危机：x

Fay, Sidney B.　悉·布·费：41, 52

financial relations　财政关系

 France　法国：xii, 5, 47

 Germany　德国：22, 47

 Russia　俄国：xii, 5, 22, 47

 Serbia　塞尔维亚：5

Fischer, Fritz　弗里茨·费舍尔：10, 11, 12, 16, 18, 19, 28, 29, 31, 41, 43, 47

*Flucht nach vorn* ['flight forward']　"飞跃式前进"：12, 46

France　法国：x, xi, xii, 2, 5, 7, 8, 9, 11, 12, 13, 15, 16, 20, 24—35, 37, 38, 40, 42—52, 54

Franco-Prussian War　普法战争：34, 56

Frankfurt, Treaty of (1871)　《法兰克福条约》(1871)：x

Franz Ferdinand, Archduke　弗朗茨·斐迪南大公：2, 3, 6

Franz Joseph (Austrian Emperor)　弗朗茨·约瑟夫（奥地利皇帝）：4, 6


Gatzke, Hans　汉斯·加茨克：46

General Staffs　总参谋部

 Austro-Hungarian　奥匈帝国的：5

 German　德国的：7, 17, 51

 Russian　俄国的：23, 47

George V (British King)　乔治五世（英国国王）：37

Germany　德国：x, xi, xii, 2, 5—17, 19, 20, 21, 22, 23, 25, 26, 28—32, 35—50, 52, 53, 54, 57

Goremykin, Ivan　伊万·戈列梅金：22

Great Programme, see army bills (Russian)　伟大计划，见"陆军法案（俄国的）"词条

Greece　希腊：xi

Grey, Sir Edward　爱德华·格雷爵士：xi, 14, 29, 31, 33, 34, 35, 36, 37, 38, 39, 43, 44

Habsburgs　哈布斯堡：2, 5, 19, 32

Haldane　霍尔丹 xi, 36

Helgoland　黑尔戈兰岛：16

Hobsbawm, Eric　埃里克·霍布斯鲍姆：57

Hohenzollerns　霍亨索伦王朝：19, 45

Honour, National　民族荣誉：53

Howard, Michael　迈克尔·霍华德：56

Hoyos, Count　霍约斯伯爵：6, 8, 18

Hungary　匈牙利：4, 6

Imperialism　帝国主义：46, 47, 52, 53

India　印度：35

intelligence, military　军事情报：3, 23, 41, 50

International Socialist Bureau　社会党国际局：44, 45

Ireland　爱尔兰：33, 38, 46

Italy 意大利：x, xi, xii, 2, 5, 7, 13, 16, 21, 32, 49, 57

Jagow, Gottlieb von 戈特利布·冯·雅戈：16, 18, 23, 29, 54
Japan 日本：x, 24
Janushkevich, General 亚努什科维奇将军：23
Jaurès, Jean 让·饶勒斯：26, 56
Jelavich, Barbara 芭芭拉·耶拉维奇：21
Joffre, Joseph 约瑟夫·霞飞：25, 26, 30
Joll, James 詹姆斯·乔尔：42, 53

Kautsky, Karl 卡尔·考茨基：39
Kennedy, Paul 保罗·肯尼迪：35, 37, 47
Kiel Canal 基尔运河：16, 17
Kiev 基辅：22
Kokovtsov, Vladimir 弗拉基米尔·科科夫佐夫：22
*Kriegsgefahrzustand* 战争危险状态：xii, 28, 30
Krupp 克虏伯：18, 46

Langdon, John 约翰·兰登：42
Lenin, Vladimir Ilyich 弗拉基米尔·伊里奇·列宁：46, 52
Levy, Jack 杰克·利维：29
Liberal Party (Britain) 自由党（英国）：34, 35, 44
Libya 利比亚：16, 32
Lichnowsky, Prince 利赫诺夫斯基亲王：29
Liège 列日：15, 30, 50

Lieven, Dominic 多米尼克·利芬: 53

Liman von Sanders, General 利曼·冯·桑德斯将军: xi, 14, 22, 23

Lloyd George, David 戴维·劳合·乔治: 9, 29, 34, 43, 44

London 伦敦: 34, 37

London Conference (1912—1913) 伦敦会议 (1912—1913): xi, 48

London, Treaty of (1839) 《伦敦条约》(1839): 32, 33

Luxemburg 卢森堡: xii, 9

Mansion house speech 市政厅演说: 29

Marx, Karl 卡尔·马克思: 45

Mayer, Arno 阿尔诺·迈尔: 12

Mediterranean Sea 地中海: 33

Mesopotamia 美索不达米亚: 52

'misunderstanding' (Anglo-German, 1 August 1914) "误解" (英-德, 1914年8月1日): xii, 31, 34, 35

Mitteleuropa 中欧: 10, 11, 31

Mobilization 动员: 22

    Austro-Hungarian 奥匈帝国的: xii

    French 法国的: 55, 56

    German 德国的: 22, 23, 25, 28, 30

    Russian 俄国的: xii, 8, 18, 20, 22, 23, 25, 26, 28, 30, 42, 48

    Serbian 塞尔维亚的: xii

Moltke the Younger, Helmuth von 小赫尔穆特·冯·毛奇: 9,

11, 15, 16, 17, 18, 23, 30, 31, 42, 43, 49, 50

Mommsen, Wolfgang　沃尔夫冈·莫姆森：17

Montenegro　门的内哥罗：xi, 6, 7, 21

Moroccan Crisis, First (1905—1906)　第一次摩洛哥危机（1905—1906）：xxi, 13, 16, 29, 48

Moroccan Crisis, Second (1911)　第二次摩洛哥危机（1911）：xi, 14, 16, 25, 29


Napoleon I (French Emperor)　拿破仑一世（法兰西皇帝）：37

Nationalism　民族主义：25, 41, 46, 51, 52

naval conversations (Anglo-Russian, 1914)　海军会谈（英–俄的）：xii, 14, 18, 29

naval holiday　海军裁军期：36

navies　海军

　　British　英国的：xi, 13, 14, 24, 32, 33, 36, 37, 38

　　French　法国的：33

　　German　德国的：x, xi, 12, 13, 14, 17, 36, 45, 52

navy laws (German)　海军法案（德国的）：x, xi, 12, 14, 36

Netherlands, the　尼德兰：50

Nicholas II (Russian Emperor)　尼古拉二世（俄国沙皇）：x, xi, xii, 20, 23, 24, 26, 42, 45

Nietzsche, Friedrich　弗里德里希·尼采：53


offensive, strategy of　进攻战略：50, 56；*see also* war plans 亦见"作战计划"词条

Offer, Avner 阿夫纳·奥弗: 53
Ottoman Empire 奥斯曼帝国: xi, 4, 5, 14, 16, 20, 21, 22, 36, 52

Paléologue, Maurice 莫里斯·帕莱奥洛格: 25
Pan-German League 泛德意志联盟: 13, 51
Pan-Slavism 泛斯拉夫主义: 21, 22, 45, 51
Paris 巴黎: 24, 25, 55, 56
Pašić, Nikola 尼古拉·帕希奇: 2, 3
Persia 波斯: 35, 52
Persian Gulf 波斯湾: 36
pig war (Austro-Serb) "猪之战"(奥匈帝国-塞尔维亚): 5
Plan XVII, see War Plans, French 17号计划,见"作战计划(法国的)"词条
Plan 19 Altered, see War Plans, Russian 修订后的19号计划,见"作战计划(俄国的)"词条
Poidevin, Raymond 雷蒙·普瓦德万: 47
Poincaré, Raymond 雷蒙·普恩加莱: xi, 24, 25, 26, 30, 39, 40
Poland 波兰: 10, 31
Portugal 葡萄牙: 36, 52
Potsdam 波茨坦: xi, 4, 8, 11, 14; see also blank cheque; 'War Council' 亦见"空白支票""战争委员会"词条
press war (German-Russian, 1914) 新闻战(德国-俄国,1914): xii, 17, 22
Princip, Gavrilo 加夫里洛·普林西普: 3

Primat der Aussenpolitik, Primat der Innenpolitik　对外政策优先，内政优先：10

public opinion　舆论：12, 17, 26, 28, 43, 44, 45, 53

radicals (Britain)　激进派（英国）：36, 37, 44

railways　铁路：xii, 15, 17, 23, 44, 47, 55

Rathenau, Walther　瓦尔特·拉特瑙：47

Reichstag　德意志帝国议会：12, 13

Reinsurance Treaty (1887—1890)　《再保险条约》(1887—1890)：x

Renouvin, Pierre　皮埃尔·勒努万：41

réveil national　民族的再觉醒：25, 51

revisionism　修正主义：9, 40, 41

Riezler, Kurt　库尔特·里茨勒：18

Ritter, Gerhard　格哈德·里特尔：10

Röhl, John　约翰·勒尔：16

Romania, Romanians　罗马尼亚，罗马尼亚人：xi, 4, 5, 6, 7, 21

Romanovs　罗曼诺夫：21

Ruhr　鲁尔：40

Russia　俄国：xi, xii, 2—8, 10, 11, 12, 14, 15, 18—26, 28, 30—38, 42, 43, 44, 45, 47—54, 57

Russo-Japanese War　日俄战争：x, 24, 56

Rüstungswende　军备转折点：14

St Petersburg　圣彼得堡：24

Salandra, Antonio 安东尼奥·萨兰德拉: 32

San Giuliano, Marquis di 迪·圣·朱利亚诺侯爵: 32

Sarajevo 萨拉热窝: I, 2, 6

Sazonov, Sergei 谢尔盖·萨佐诺夫: 21, 22, 23, 24, 35, 42, 45, 51, 59

Scapa Flow 斯卡帕湾: 37

Schlieffen, Alfred von 阿尔弗雷德·冯·施里芬: 15

Schlieffen-Moltke Plan, *see* war plans, German 施里芬－毛奇计划，见"作战计划（德国的）"词条

Schmitt, Bernadotte 伯纳多特·施米特: 41, 51

Scutari 斯库台: xi, 6

Second International 第二国际: 44, 45

September Programme 九月提纲: 10, 41

Serbia 塞尔维亚: x, xi, xii, 2, 3, 4, 5, 6, 7, 8, 9, 19—24, 26, 30, 31, 32, 35, 42, 43, 44, 46, 47, 48, 49, 51, 53

Slovenia 斯洛文尼亚: 3

Snyder, Jack 杰克·斯奈德: 49

Socialists 社会主义者: 44, 45, 46, 51; *see also* International Socialist Bureau; Second International 亦见"社会党国际局""第二国际"词条

   French 法国的: 26, 44, 45

   German (Social Democratic Party) 德国的（社会民主党）: 13, 15, 28, 30, 44, 45

South Slavs 南斯拉夫人: 2, 4, 6, 21

Soutou, Georges-Henri 乔治－亨利·苏图: 47

Steiner, Zara 扎拉·斯坦纳: 35
Straits, Turkish 土耳其海峡: 14, 16, 21, 22, 52
Strikes 罢工: 24, 38, 44
Stumm, Wilhelm von 威廉·冯·施图姆: 29
Stuttgart Resolution (1907) 斯图加特决议 (1907): 46

Tangier Incident 丹吉尔事件: x
Thames 泰晤士河: 34
Three-Year law (1913), *see* army bills (French) 《三年制兵役法案》,见"陆军法案(法国的)"词条
Tirpitz, Alfred von 阿尔弗雷德·冯·蒂尔皮茨: 11, 16, 29, 36
Tisza, István 伊斯特万·蒂萨: 6, 7
Trachtenberg, Marc 马克·特拉赫滕贝格: 28, 30
trade unions 工会: 24, 38, 44, 45
Trentino 特伦蒂诺: 32
Turkey, *see* Ottoman Empire 土耳其,见"奥斯曼帝国"词条
Turner, L. C. F. L. C. F. 特纳: 30

Unionist Party (Britain) 保守和统一党(简称保守党,英国): 34, 35, 36, 37
unspoken assumptions 不公开的假说: 53
USA 美国: 10, 37, 40

Versailles, Treaty of (1919) 《凡尔赛和约》(1919): 9, 40
Victor Emmanuel III (Italian King) 维托里奥·埃马努埃莱三世

(意大利国王): 32

Viviani, René 勒内·维维亚尼: 24, 25, 30

Volker, Berghahn 福尔克尔·贝格哈恩: 12

war aims 战争目标: 10, 11, 31, 52, 53, 57

'War Council' (Potsdam, 1912) "战争委员会"(波茨坦, 1912): 11, 16, 17, 29

war-guilt clause (Treaty of Versailles) 战争罪责条款(《凡尔赛和约》): 9, 40, 56

war plans 作战计划: 41

  Austro-Hungarian 奥匈帝国的: 5

  British 英国的: 49, 50

  French 法国的: 25, 26, 33, 49

  German 德国的: 9, 15, 23, 26, 30, 41, 49, 50

  Russian 俄国的: 26, 49

*Weltpolitik* 世界政策: 11, 12, 13, 16, 45

Wight, Isle of 怀特岛: 33

Wilhelm II (German Emperor) 威廉二世(德意志皇帝): x, xi, 8, 11, 12, 17, 18, 28, 29, 30, 31, 36, 37, 39, 42

Wilson, Henry 亨利·威尔逊: 37, 38

Wilson, Keith 基思·威尔逊: 35

working class, *see* socialists, strikes, trade unions 工人阶级, 见"社会主义者""罢工""工会"词条

Young Bosnia 青年波斯尼亚: 3, 4